建築を創る　今、伝えておきたいこと

建築のあり方研究会編

井上書院

まえがき

日本が戦後復興を成し遂げ、徐々に工業製品が国内にでまわり、また海外に輸出され始めた頃、日本の製品に関して「安かろう悪かろう」のことばがよく使われた。その後、厳格な検査主義の下に、それらの製品の品質を高めるための努力が繰り返され、さらに検査主義が必ずしも品質の安定したものを作り出すわけではないとの反省に立って、ＴＱＣ（全社的品質管理）の活動が活発化し、一九八〇年代にはハーバード大教授エズラ・Ｆ・ヴォーゲルが「Japan as No.1」という本を出版するまでになり、きわめて品質の高い製品を作る国として世界的に評価された。

団塊の世代は、まさに日本が「安かろう悪かろう」の時代から品質向上に全力を傾ける時代に、第一線で品質を高めるための努力をした世代である。そして、現在、その人たちの退職が続いている。また、なかには技術・技能の指導、品質管理の指導のために、周辺諸国に迎えられている人たちも多い。「安かろう悪かろう」を「Japan as No.1」のレベルにした技術者、技能者の人たちの周辺諸国への移動は、とりもなおさず周辺諸国の「安かろう悪かろう」を「当該国 as No.1」に向かう可能性を大きくするもので、品質の安定した製品を世界に供給するという意味では大いに歓迎すべきことであるが、その一方で、その世代が抜けた日本にどこまで品質維持能力が残っているか不安が過ぎる。

建築の世界もその例外ではなく、旧態然とした建築生産の社会を近代化し、基幹産業に育て上げたエネルギーが漲り、都市と建築の品質を向上させるべく奔走した人たちがあふれている。しかし、これらの人たちが苦労して会得したノウハウや建築観の多くは、若い世代へと受け継がれることなく、忘れ去られようとしている。

『建築の営みを問う18章』の出版から早くも三年が過ぎた。「18章」では、ものづくりの原点は、話し合うこと、他者に配慮して自らの最善を尽くすこと、それを他者が感じ取り褒めること、そして関与者がやりがいを感じ、応分の負担と応分の利益を享受することにあるとし、そのための改善策を18の問題事象を取り上げて提案した。また、われわれは人口減少時代に突入しており、そこはわれわれの経験したことのない時代である。そして、失敗しても取り返しのチャンスがあった時代から、失敗が許されず確実な実施が求められる時代へと突入したと観念しなければならないとも書いた。しかし、現実には、団塊の世代から失敗が許されない世代への「苦労して会得したノウハウや建築観」は十分に伝えられているとは思えないし、その仕組みすら身近に感ずることができない。

そこで、本書では、先輩たちの「経験則」、「知恵」、「贈ることば」など『伝えておきたいこと』を綴らせていただいた。そのため、職域や立場を超え、編者が「この人の一言がほしい」と感じた方々にご寄稿いただだいている。「建築はまず、人々の命を守るものでなければならない」という建築家の方の自省のことばに始まり、建築設計界の多方面で活躍されている人たちの「設計と設計界への思い」、そして、それを具体的に実現していく技術者、技能者の方々の「ものづくりへの決意」、官庁営繕技術者への「公共建築のリーダーとしての気概を忘るべからず」、そして、建築から都市へとより大きな空間、スケールに思いをはせるべく「都市開発プロデューサーを目指せ」と語る不動産開発業務に長年携わってこられた方まで、思い切った若者への「伝えておきたいこと」を綴ることができた。このような、もうひとつの「建築のあり方学」が分野横断的に広がっていくことを期待したい。

末尾になりましたが、本書の「伝えておきたいこと」に快くご寄稿いただきました執筆者の皆様、また、収益性よりも建築の将来を考えて出版していただいた井上書院の関谷社長に感謝申し上げたいと思います。ありがとうございました。

平成二五年四月　　古阪秀三・青木義次

目次

建築を創る　今、伝えておきたいこと

建築の可能性

櫻井　潔（さくらい　きよし）
一九五〇年生まれ。京都大学工学研究科修士課程修了。二〇一三年三月まで(株)日建設計 取締役副社長。現在、櫻井潔建築設計事務所ETHNOS代表。作品に泉ガーデン、コナミ那須研究所など。設計への思い、若者への思いを熱く語る姿に、学生時代の像がよみがえる。

1　命を守る

今、建築を目指す若い人たちに何かを書き残すなら、三・一一東日本大震災での数々の重要な経験を外すわけにはいかない。あのギリギリの状況の中で、被災地に出向いた多くの建築関係者が改めて痛感した〝建築〟の本質と重要な役割について、何としても書き残す必要があると思う。

もともと建築は、厳しい自然に対峙し、自然から恵みを得、人間の生活を守り、安らぎを与え豊かにするために生まれた。限られた地産の材料を用い、限られたその時代の技術を積み上げ、それぞれの地域の気候や生活に対応するたゆまない工夫の中で、風土に適合した住まい方ー建築の様式や型がそれこそ何百年何千年もかけて生み出され、それぞれの地域ならではの文化と風景を創ってきた。

それが近代以降、地域を超えてさまざまな材料が自由に手に入るようになり、高度な構造の解析技術の発達によって、建築はあたかも重力からも解放され、また化石エネルギーを使用した人工的環境づくりと各種シミュレーション技術の開発によって、温度や湿度や明るさなどの生活環境のすべてが自由に操作できるようになり、あたかも技術によって自然が完全に制覇されたと思い込んでしまったかに見える。これはまったくもって人間の勘違い、思い上がりであることが、今回改めて明らかになった。自然はなお、人間の力を超えて恐ろしいものであることを、三・一一は身に沁みる教訓として教えてくれたのだと思う。

〝建築はまず、人々の命を守るものでなければならない。〟

すべての工学や科学技術は、前提条件を設定することによって成り立っており、その現実化の過程の中で想定された条件は、総合的で確実な理由をもっているものの、それでもそれは、常に想定であることを超えないものである。想定したことが問題なのではなく、想定であることが忘れられることに問題がある。建築の諸基準も同様に、ある限界条件を想定しているものであり、そのおかげで一定の合理的で経済的な展開が可能であるのだが、その設定された基準を超える状況がありうることを忘れてはならない。想定条件にしか対応しない物理的な限界を、人間の知恵と備えでカバーして命を守りきる覚悟が必要である。基準や法律を守ったらそれでいい、ということでは決してないことを肝に銘じるべきだ。

多くの建築家の仲間が現地に出向き、ギリギリの状況の中で多くの有用な活動を行った。その中でわれわれは、現代社会を構築してきた手法や知恵、政治や科学の限界を感じずにはおれなかった。そのような状況でも、多くの被災者は神々しいほどのたくましさを発揮し、絆を大切にしながら子供たちを守ろうとし、あるいは絶望の中でも力強く立ち上がろうとし、倫理や社会性、人間の究極の素晴らしさを見せてくれた。

しかし一方、それらの姿を前にして、専門家たちは適切な言葉をかけることもできないもどかしさを感じずにはおれなかった。都市や建築の専門家であったはずの建築家に求められた彼らの質問は、地震、津波、地盤、疫病、保険、政治、社会、制度等々、広範に渡った。あらゆる知を統合することによってのみ、正当で持続性のある再生の道筋を提示することができるはずであったが、多くの専門家は、法律や政策の前に手をこまねき、閉鎖的な自らの専門分野の壁を感じずにはおれなかったのだ。

まさに建築というものが、自然から人間の命と生活を守るという本来の目的を実現するため、科学から人文学、さらには哲学や政治・経済学等々、すべての知の総合化を前提にしていたにもかかわらず、都市計画と意匠と構造と設備というふうに専門分野に細分化されてしまった建築関係者は、全体を見渡さないと発言できない状況に対して、身をすくめるほかなかったのだ。構造や設備さえ人任せになった建築家が、地盤や津波、電力や健康についての質問に答えられるわけもなく、せっかくの大切な機会を自ら逸してしまったのだ。

なぜ、多くの堤防があれだけ脆く崩壊したのか、なぜ過去に大きな被害を経験している地域にまた住宅の建設が許されてしまったのか、なぜ仮設住居が結露だらけで新たな断熱工事を必要としたのか、復興に道筋をつけるために必要な制度の優先の度合いを、なぜ整理し政治家や役人に提案できなかったのか。なぜ、今でも想定された津波高さに応じた鉄鋼の巨大階段の避難施設が日本の風景を壊そうとしているのに力を貸すのか。復興を優先することなく、予算を消化するための日常の工事ー舗装工事や緑化工事が全国でなお行われている一方で、税金不足のためと消費税が引き上げられ、電気代が吊り上げられるのはなぜか。落ちることがわかってしまった天井が、補強もされず放置され、二年たってても基準の改定さえ行われていないのはなぜか。長周期地震の可能性が警告を超えて体験されたというのに、なお超高層の補強が進められないのはなぜか。明らかに津波が襲ってくることが予想される場所に、なお多くの建物が残り、なお人々がそれを拠点としているのはなぜか。

われわれは事実として、これらのことを書き残し伝える必要がある。平和な時代を享受してきた多くの人間は、社会の仕組みの根幹を構築してきた安全や人命を守るという目的より、定められた基準や常識に従うことを優先し、その中で人命が損なわれても、諦めてしまうことに慣れてしまったのか。・・・・

これはひどい制度上の病理、あるいは犯罪というほかないのではないか。

建築を学ぶものは、もう一度自然の恐ろしさを肝に銘じ、人の命を最優先とし、そのためにすべての〝知の総合〟という原点に立ち戻り、その可能性を再構築する必要がある。

2 総合する

三〇年前にフィリピンの山奥の大学を設計したときのこと。マニラから車で五時間の奥地、その大学の敷地は山の尾根から尾根までの広大なもので、構内には農地から畜舎、幼稚園、小学校まで、村自体がユニバーシティという組織のもとに運営されていた。外務省・農林省の担当官や大学の教授等とともに現地調査に参加することになったが、その調査はまず、経済・歴史・社会・組織体制・建築材料・工法・工事費・施設設備機器の管理の可能性等々、すべての状況を一から自分の足と目で調査し、現状を報告するものであり、限られた時間の中で、事業の有用性と可能性について壮大な調査が行われた。本来建築するということは、このようなことをスタートとしているはずだ。

峰から峰全体がキャンパス

調査の中で、敷地の状況を確認しようとしたところ、学長は〝この尾根から尾根のすべてのエリアから好きなところを選んでほしい〟と言われた。あらかじめ決められた敷地に、定められた法律や基準などの制約でがんじがらめにされた中で設計することを常としてきた者にとって、敷地というものは選ぶものであるというのは、目からウロコの経験であった。制約さえ、自ら設定が必要なのである。

“影をつくり、風を呼ぶことをテーマに”

アーキテクトは地勢にもたけ、地形・地盤、川の流れ、風、人の動き、そしてその土地の歴史と文化を見据えながら、さまざまな機能上の問題に優先順位をつけながら敷地を選び取ることを期待されているのだ。われわれは注意深く〝風の道〟を見定めながら敷地候補地を選定し、その中で新しい大学の在り方を提案することになった。建築家に対して、欧米の教育を受けた人たちが期待することは偉大で、〝アーキテクトとして〟、経済的な議論や技術的な議論とはまったく自由な視野で、総合的に状況を判断するものであり、現在だけでなく、将来に対して思いを寄せられる、と考えられていることを肌で感じたものだ。

アメリカの先端的な半導体メーカーが、日本に工場を建設することになったときのこと。日本人を母に持つ有能なプロジェクトマネージャーが、クライアント側を取り仕切られ、米海軍方式のまったく合理的なプロジェクト推進手法を提案され、プロジェクト意図のブリーフィングからスタートする、実に整然とした打合せを推進され、徹底した機能、技術、コスト等の議論の後、結論が見えだすと必ず改めて聞かれたのが、〝これで本当にいいのか。アーキテクトとして率直に発言してほしい。〟という言葉であった。工場という厳格に技術的で合理性を第一とする建築にさえ、その地域に対して建ち続け、その時代に投げかけられることについて姿勢が問われるということで、アーキテクトはすべての現実的な議論から外れて、より大局的な意見を述べることができるというのだった。

あるいはまた、もう一つのフィリピンのプロジェクトでも、工作機材や資材を援助するプロジェクトにおいて、機器担当者たちによる長時間にわたる機器仕様についての詳細議論の末、最後に事務局長からわざわざ求められたのも同じ〝アーキテクトとして〟の発言であった。

もともとアーキテクトという職能がなかった日本では、建築家という名詞自体が造語であり、他の分野の設計技術者と並列的に、単なる技術の専門家として位置づけられている。文学部や哲学科に建築学科が置かれているヨーロッパやアメリカに対して、日本では工学部に属する場合が多く、構造や設備・環境というシビルエンジニアリングの知識がないと建築士の資格が取れないというのは、他の国にはない珍しい制度なのである。

本来さまざまな知の総合の中に位置づけられている建築の活動において、エンジニアリング教育を含んだ日本の建築教育は、一方で素晴らしいものであると最近は実感することも多いが、社会に対して、いわば独立的な立場で本来の視点を呈するという立場はあまり意識されていない。ヨーロッパでは、アーキテクトは社会に対して常に利益や現状の制度から独立して発言し続け、重要な社会の枠組みを提案してきたという事実の積み重ねと、新築案件が限られ、収入の限られた生活の中でも、尊厳のある発言を続けた多くの建築家に対して、尊敬の念で接することが定着したもののようだ。貧乏なアーキテクトの高楊枝が尊敬されたわけである。

一方、日本の建築家は、第一号の建築士が政治家であったことが象徴するように、箱モノとして今や批判の的にもなってしまっている。建築家も公共工事を推進してきた土木屋一派とみなされ、昨今の姉歯問題や資格虚偽事件等の建築士の不始末を見ていると、テクノクラートとしての位置づけの問題が露呈していることは明らかであり、本来基本となる倫理性を改めて位置づけることが求められていると思う。

一方、この総合性という建築本来の在り方は、社会の専門化がますます加速される中で、さらに重要になっていると思う。単なるデザイナーや、決定された条件を受けて一定のプランを作成する設計士では扱いきれない多様な状況が生まれており、〝もの〟を超えて〝コト〟を提案し、多様な関係を整理しさばくプランナーやプロジェクトマネージャー、あるいはソリューションマネージャー、プロデューサー、ダイレクターなどの、さらなる広がりのある役割が改めて重要になってきている。考えてみれば、そのような全体を見渡し、客観的に状況を解決する姿勢そのものこそ、本来の建築家の職能であり、設計するとは、そのようなことであるということを決して忘れてはならないと思う。

街に出て状況に身を投げ出し、自らと周りの声を聞き、共に解決方法を見出そうとする中に初めて、本来の総合化が見えてくるように思える。

3　街を創る

自分がもっているセンサーを鍛え、多くの異なる権利をもつ関係者のかじ取りの間合いを体得するために、できる限り多くの風景と町と建築を自分の目で見、体験し、実際に生活し、多くの人間と話をすることが重要である。

私が今まで日建設計を離れることができなかったのは、そこに信じられないほど魅力的な設備や構造の技術者がいたからであり、彼らの一言の中に、その膨大な経験を凝縮した建築と社会に対するカンのようなものを感じたからである。自身のセンサーを鍛え、書物からだけではなく、人を通して学ぶことは重要であり、経験を通じての物事の切り口をもっている人を見つけることが重要である。

また、この設計事務所では、幸い巨大な超高層のプロジェクトと小さな木造のプロジェクトを同時に担当したり、あるいは超ハイテクのクリーンルームやコンピュータセンターのプロジェクトと超ローテク手作りの海外プロジェクトを同時に進めることができたり、自身の経験の幅を広げ、また客観的に見据えざるを得ない状況を得られたのもラッキーであった。

自分の頭で考えるだけでなく、人の立場で考えたり、あえて、蟻の目・象の目・鳥の目で見ることを実行したり、スケッチは一つが完成すると、いったんはそれを捨てて、またまったく新しい気持ちでスケッチを行い、それらすべてをためておいて後で比較するなど、重要な自己訓練の方法を教えてもらうことができた。

多くのプロジェクトの中でも、通算一七年間かかわることになる六本木一丁目の泉ガーデンプロジェクトでは、また本質的な多くのことを学ぶ機会を得た。もともと住友本家の東京での住まいがあったこの土地は、江戸時代の旗本の屋敷街で、静かな緑にあふれた尾根道から溜池の谷へと続く自然の傾斜地であった。、再開発地区計画制度という新しい都市開発制度の最初の計画としてスタートし、多くの地権者や学識者や都・区の関係者を巻き込んで議論を重ね、ホテルオークラからアークヒルズ、アメリカ大使館を含む周辺大街区の構想をまず立案し、さらに中街区、再開発地域と順次エリアを狭めて計画を進めていくことが求められていた。そのため関係者が実に多く、さらに制度の基準自体が未整備で、広場やグリーンを評価して容積を上乗せする初期のケースであったため、完成するまでに本当に多くの方々と議論を重ねる必要があったわけだ。

このように長い年月を経て多くの関係者の理解を得るためには　どうしても核となる〝錦の御旗〟の共有が必要である。いろいろな立場の方々が、何年もかけて議論していくためには、誰もがもっともと思うような明確な旗印―大きな夢が必要であり、その御旗を共有することによってはじめて、年月が経ってもぶれないで方向を推進することができ、またそれが実現したときに、多くの関係者に喜ばれるものであることを実感することができた。

このプロジェクトでは、もともとの地形や豊かなグリーンといった街のにおいを残しながら、二一世紀を先導するような魅力的な街をというのが共通のテーマとなり、今までと違う二一世紀を担う都市、オフィスを提案したいというのが、われわれの思いであった。特に尾根道沿いには、旧住友会館の豊かな庭園があったため、何とかその庭園のグリーンを残し、さらに公共に開放し、この地域を自然とにぎわいが調和する魅力的な街にしたいという強い思いは、最後までこのプロジェクトを支えてくれた。新しくできる地下鉄駅についても、従来のように、閉鎖的で地上との関係のない地下駅ではなく、改札口から街のにおいを感じることができるような、太陽光の射し込むわかりやすく安全なスペースにできないかと考え、多くの関係者を説得し、地下鉄改札口の位置を変更いただいて、このプロジェクトならではの立体的な街―にぎわいのシンボルが出現することになる。

また、このプロジェクトではオフィスタワーについても、二一世紀の夢のタワーとコンセプトを掲げ、低層部分をすべて開放して隣地への視線を通すとともに、超高層特有の圧迫感をなくすものとし、またシャトルエレベーター方式を日本で初めて採用して有効率を上げるとともに、ボイドコアと呼ぶ外部空間を超高層タワーの中央部に設ける新しいコアプランを提案して、オフィスのフレキシビリティを高め、同時に自然換気を誘導するなど、今までのオフィスプランの革新を進めた。

これらの新しい提案は、多くの関係者を説得するため、見える形でその効果を整理せざるを得ず、その経緯の中で、計画がさらにブラッシュアップされることになった。最上部にある住友会館への直通エレベーターを、外部囲いのない完全なヌードエレベーターとしたのは、法律で禁止されており無理というわれわれに対して、海外にもあるのだからできないはずはない、と主張されたクライアント

庭園を全て公開。オフィス・住宅・ホテル・商業・美術館が緑の中に

地下鉄駅につながるグリーン

トップの発言を実現するため挑戦した結果、やっとのことで可能になったもので、唯一の先例であった東京タワーの屋外エレベーターに倣って、技術的問題と管理上の問題を解決整理し、大臣特認を受け、何とか実現にこぎつけたものであり、竣工時にはなんと法律自体が改正されることにまでなった。

外装についても、超高層の価値は眺望だというこことで、床から天井までの大開口とし、サッシまでアルミをガラスに代え、手すりの中に軸流ファンを内蔵させ、気流により窓回りの暑さ寒さを抑えるということで、本邦初の透明感をもつ開放的なカーテンウオールが実現した。必要なもの以外は、一本の線といえども消せないかと議論を重ね、層間区画部のサッシを省いて、ユニットをフロアーからフロアーで1ピースのシンプルな構成にしたことも、デザイン上のポイントとなった。

このように、初めてのことを実現する場合、すべて自分でできるわけではないので、その分野の尊敬できる専門技術者に集まってもらい、そこでまず何をやりたいのかという明快な目標を提示し、ノウハウを結集するというようなシャレー方式の進め方が効果的で、やりたいことが正当であり、専門家の意見を十分聞き、引き出し、それをともに高めていく態度をとり続けることができれば、今までにない新しい価値を実現することができることを体感することとなった。

地下鉄が乗り入れ、駅が開業する当日、ギリギリの夜を徹しての工事を見守るため、クライアントと打合せを繰り返していた折、ようやく朝方になってコンコースの仮設足場が解体され、空間が徐々に明らかになってきた時、そばにおられたクライアントから思わず握手を求められ、〝何度も何度も提案を聞き、パースを見せてもらっていたが、それがこのようなすごい空間のことだったのだと、今日初めてわかった。やはりわれわれは素人だ。このような提案をしてもらってありがとう。〟とおっしゃるのだ。厳しい打合せの中で、繰り返して説明してきた空間の本当の価値をまさに体で感じていただいたようで、これは建築というものの可能性、本来の空間の創造という役割を示すもので、今でも忘れられない。

普通であれば斜面地は埋め立てられ、人の流れは途絶し、駅は地下に封じ込まれざるを得ないはずの立地にあって、斜面地を残すことが、地下に光を入れることにつながり、豊かな自然とにぎわいが共存し、建物内外の人の動きやタワーの上下を結ぶすべてのエレベーターの昇降が、そのまま街のほうに開かれた新しい立体的な街がここに完成した。

4　これからのものづくりのヒント

①建築に希望を

人口の減少によって住宅がだぶつき、海外企業がアジアの拠点を日本からほかの国へ移転させる動きが目立つようになり、日本の国内の建設量が減少する中、日本の建設業はもはや将来性のない産業となってしまうのか。姉歯問題以降、建築士というのは信用できない人間のように扱われ、また〝コンクリートから人へ〟という前政権の極端な政策提示によって、すべての建設がまるで税金の無駄遣いのように喧伝されてしまっているのはとんでもないことである。ダムも道路も住宅も、人間の命や生活を守るために進められてきたというのが本質であり、その重要さを忘れてはならないはずである。

三・一一以降、マイナス側の議論が横行する中、もう一度〝命を守る〟ことからスタートしている建設の重要性を正当に伝えることが必要であると感じて、改めて起稿したものである。

そして同時に、真に人々に求められる技術となるためには、今までのままでは済まないことも事実であり、建築の原点に戻って、もう一度すべてを総合する広い視点をもち、社会を支える客観的な立場を改めて意識し、活動することが重要である。単なるデザイナーではなく、より広い視野をもった総合的コーディネーターとしての役割や新しい職能が求められているし、そのようななかで本当のデザインを行うのが、建築家の本来の姿であるはずだ。

今、海外において日本の建築技術が注目されているのは、フォルマリズムに走る多くの海外の建築家に比べて、日本の建築家が構造や設備、経済性まで意識をし、総合的な提案をしてくれるからであり、その厳然たる長所を磨いて、日本の建築技術を普及させることができれば、今の閉塞状況を少しは変えることができるかもしれない。

②建築は経済の基盤でもある

本来、建築を成立させるために必要なものは、実に広範である。各種材料、設備、器具、コンピュータをはじめとして多くの産業をベースとしており、さらにまた、それを施工する多様な職人が必要であり、多くの経済効果を有している。ある電機メーカーのトップが、自社製品のほとんどすべてが、住宅をはじめとする建築において使われていることに気がつかれて愕然とされたというが、これは本当である。コンクリートを悪として建築を批判していると、命が守れないばかりか、関連する経済が衰退してしまうということを頭に入れる必要がある。

日本国内においても、必要建設量は減少傾向にあるというものの、三・一一の反省に立つと、命を守ることができる状況であるかどうかは大いに疑問で、特に人口集中地域や災害時の救助動線部の安全・安心の強化は火急の課題である。直下型地震や連動型巨大地震を考えると、緊急の対応が求められている。建設を悪として退けるよりも、誰もが必要と感じる安全の強化が可能なシステムを構築することが、経済再建のためにも重要である。

③建築の世界にも新しい可能性が渦巻いている

われわれが建築を目指し始めたころは大学紛争の直後、明治以来の社会変革が定常化し、さまざまな改革が求められたものの、一方で変わらない体制の力を感ぜずにはおれない時代であったことは確かであろう。しかしその後四〇年、まったく新しい産業が現れ、あるいは既存の社会システムが崩れ、新しい体制が生まれるのを目にしてきた世代でもあった。すべての事柄を規定のこととして諦めてはならない。常に原点に戻り、必要を母とすれば、必ず新しい世界が開けることは、これからも加速し続けており、それを担うのは、若い皆さんであると伝えておきたい。〝学ぶ〟というのは、知識を増やし、考え方の一つを整理したかたちで紹介してもらえるということであって、その内容を丸暗記して役に立つことなど何もないのだ。

前述の〝街を創る〟でお伝えしたかったのは、法律さえも変えることができるということであり、また既存のやり方より、本来の価値—錦の御旗を求めることが、多くの人々の共感を得ることにつながることをお伝えしたかったのである。

例えば、現状で一刻も早く提言が求められているのは、新しいエネルギーシステムと新しい住まい方そのものであろう。偏った議論はあるものの、現実的な方向性はなお明確にされていないし、多くのエネルギーを使用する建築も、もう建てて終わりというような従来のやり方では済まなくなっている。竣工後も社会インフラとして、継続的なフォローが可能なシステムが必要となっているのだ。継続的な対応には、それをデータ的にもフォローできるシステムが必要であり、われわれはそれを

e-LSEM（NSi2）として準備しようとしているのであるが、建物の各種情報をデータ化し、エネルギーや機器の運用状況を記録分析し、中長期の改修計画やエネルギー計画など竣工後の対応が可能なシステムであり、このデータが蓄積されれば、詳細な建築関連の統計を得ることもでき、設計にもそのノウハウを反映することができるようになるというものである。

あるいはまた、設計自体にも新しい可能性が動き始めている。これがＢＩＭの登場である。人工知能による設計手法のチャレンジや、三次元入力による設計の展開など、いろいろなコンピュータ使用の設計手法が挑戦されてきた歴史の中で、ＩＴの急速な進展をバックボーンに、いよいよ機が熟しそうなのがこのＢＩＭである。

ＢＩＭとは、設計図の線に意味を付与し、三次元で実際に建設するように組み上げていくシステムであり、各メーカーやサブコンの詳細データを事前に打合せを進めて入れ込み、積算や環境チェックなど各種シミュレーションを設計と同時に進めることができる。今まではできなかったデザインが可能になったり、あるいはコンピュータを取り入れた生産システムとも関連させれば、建築システム自体に革命をもたらす可能性もあるシステムである。そしてさらに、それをそのまま施工図や竣工図、さらには先ほどのe-LSEMなどの各種管理用データとしても展開することができれば、ここにさらなる総合システムの道が開かれている。建築や建設システムさえ変わる可能性があるのだ。

設計図の上に仮想の建築や都市を建ててしまい、それをシミュレーションしたり、多くの知恵者のレビューを行ったり、簡単に建て替えながら、最終の設計図に収斂させるこのような手法は、デザインの自由をさらに開放し、事前に多くの使用者の意見を聞きながら設計を進めることもでき、事業上もリスクを少なくできる可能性をもっていると思う。何千年も同じような枠組みの中で進められてきた建設産業が変わるというのは、衝撃的な話であり、それを支え、方向付けることができるのは若い人たちであると考えると、急に将来に夢が見えてくるのではなかろうか。

そして、その先にもやはり人間の生活と空間の意味や自然との関係が、引き続き課題となっていることを改めて予言しておきたい。

〈建築士制度〉をめぐる〝肝心な問題〟について議論をしよう
―共有したい議論の着地点を求めて―

藤本昌也（ふじもと　まさや）
一九三七年生まれ。早稲田大学大学院理工学研究科修士課程修了。日本建築士会連合会　名誉会長。（株）現代計画研究所　代表取締役会長。ＮＰＯコーポラティブハウス全国推進協議会　理事長。設計界にて建築生産の世界を極めてバランスよく理解し、専攻建築士制度を実質立ち上げた。

はじめに

姉歯事件（二〇〇五年）に端を発した耐震偽装問題は、長年、建築士問題に取り組んできた私にとっては、真正面から向き合わねばならない深刻な問題となった。国は直ちに社会資本整備審議会を立ち上げ、私も日本建築士会連合会の立場から、この審議会に参加することになった。

審議の最重要課題は、建築基準法、建築士法、二つの建築関連法案の抜本的改正であった。

建築士法改正の審議は、各委員の立場の違いもあり、紆余曲折の議論となったが、何とか建築基準法改正に引き続き、二〇〇六年八月には審議会の答申が提出され、同年末には国会の審議を経て、士法改正法案も成立した。一件落着と言いたいところだが、当時の私は正直、そう楽観的な気分にはなれなかった。というのも、自戒を込めて申し上げねばならないことだが、先の士法改正をめぐる紆余曲折の原因が、少なからず、われわれ建築界側の議論に混乱があったからである。

わが国の建築設計界を代表する三会でさえ、国家資格者「建築士」をめぐる〝肝心な問題〟の論点は何か、また、その論点に対し大筋どう考えるべきかについての共通認識がもてないでいたのである。今に至るまで、この状態は基本的に変わっていない。残念としか言いようがない。

しかし、「建築基本法」の成立が現実味を帯びてきた昨今の状況を考えれば、この〝肝心な問題〟に対して、少なくともわれわれ三会は、社会的責務として、市民社会全体が納得できるリアリティのある認識を共有すべきであろう。次の時代を担う三会の方々が、この問題に真摯に向き合い、解決へと導いてくれることを強く期待したい。

そこで本稿では、私の長年（二〇年）にわたる士会連合会での活動経験を通して、私自身がこの〝肝心な問題〟をどう考えてきたか、また、今どう考えているのかを整理し、お伝えしたい。

実は、士会連合会では、先の審議会開催の五年前から、この〝肝心な問題〟を取り上げ、三年後の二〇〇三年にはすでに四七建築士会の合意を得て、制度設計の素案を打ち出していた。その間の士会連合会の議論と、審議会の議論を踏まえて、当時の私がその〝肝心な問題〟を議論する上で、共有したいと考えていた「主要な論点」は、以下の五点であった。

以下、これらの論点に対する私の基本的見解を述べていきたい。

論点① 新しい「建築士制度」の全体像をどう考えるか。

論点② 「法的建築士制度」（改正建築士法）が規定する「新しい建築士像」をどう考えるか。

論点③ 「社会的建築士制度」（専攻建築士制度）の役割とその制度設計をどう考えるか。

論点④　「統括設計専攻建築士」と「登録建築家」との関係性をどう考えるか。

論点⑤　これからの建築士に共有してもらいたい「基本理念」をどう考えるか。

1）三会とは、日本建築士会連合会（以下、士会連合会と略す）、日本建築士事務所協会連合会（以下、日事連と略す）、日本建築家協会（以下、JIAと略す）。

論点①　新しい「建築士制度」の全体像をどう考えるか

審議会にのぞむ士会連合会の基本的スタンス

二〇〇六年五月三一日、士法改正を審議する基本制度部会で、私は「行政、職能者、市民三者の協働社会システムの構築―過剰規制は避ける―」と題して、次のように発言した。本稿のテーマを議論する上で、出発点となる議論なので、私の当時のメモに従って、その一部を再録する。

『・法規制のあり方は、過小であっても過剰であってもならない。程々のところでなければならない。そして、その程々を見定める鍵は、法規制の実効性如何にあると考える。

・過剰な規制は、市民から見ると一見安心できるように思われるかも知れないが、実際は行政側にも、職能者の側にも過剰な負担をかけることになり、ひいては市民の負担へとつながる。結果は形骸化し実効性の無いものとなりかねない。

・私が法規制が程々でよいというのは、〈法〉の役割論からきている。そもそも、今回のような異常な事件を克服するには、当然のことながら、法だけでは限界がある。法が果たすべき役割は〈必要条件〉としての役割で、〈十分条件〉としての役割までは果たすことはできない。

・十分条件としての役割は、われわれ職能者側と建築主、消費者を含む市民が果たすことになる。つまり、行政・職能者・市民三者協働の社会システムがあってはじめて、根本的な解決が長期、安定的に図れるものと考える。

・したがって、そういう意味では、市民もいつまでも被保護者の立場に甘んじていてはいけないのであって、自己責任を果たせる自律した市民になることが求められる。そして、そのためには行政側と職能者側から、市民に適切な情報を開示することが必要不可欠な要件となる。

・四七建築士会、士会連合会は、市民への適切な情報開示に向けて、すでに三年前から新しい社会的職能表示制度「専攻建築士制度」を立ち上げ、実践しているところである。』

「法的制度」と「社会的制度」の二段階構成で考える新しい「建築士制度」

以上の私の発言は、新しい「建築士制度」の全体像は、「法的制度」だけでなく、「社会的制度」も視野に入れた新たな全体像を構想すべきという当時の士会連合会の主張を踏まえての発言であった。

無論、「社会的制度」という概念をはじめから用意し、新しい「建築士制度」をこうした二段階の構成で最初から考えていたわけではない。士会連合会の中でも、建築士制度はすべて「法的制度」として構想すべきという考えも存在した。「社会的制度」という発想が、そもそも日本社会ではなじめないのではないか。わが国の建築産業界全体が、長い間「規制産業」として保護されてきたこともあり、結局は、御上による「法律」に寄らない限りは、日本人は社会的規範を守れないのではないか。

一〇年に及ぶ士会連合会の議論にも、ともすれば法律に守ってほしいという体質が垣間見えていた。しかし、当時の「規制緩和」という大きな風圧は、こうした日本の社会的風土も大きく変えようとしていた。全てを法律の枠内に入れて解決を図ろうとする「法律万能主義」は避けるべきだという考え方が、当時の日本の社会においても、ようやく受け入れられるようになってきたのである。

こうして、士会連合会の見解は、「法的制度」はできるだけ基本的な事柄だけを扱い、あとは社会的ニーズの多様化や変化に柔軟に対処できる「社会的制度」で対応する。そして、両制度相互の役割分担を合理的に図る途を探るという考えに集約されたのである。さらに言えば、わが国が成熟社会にふさわしい〝文化としての建築・環境〟づくりを目指すのであれば、その実現の途は、「行政・職能者・市民三者による自立と協働以外にない。」という主張が、ようやく建築士会全体の共通認識となったのである。

論点② 「法的建築士制度」（改正建築士法）が規定する「新しい建築士像」をどう考えるか

旧建築士法の評価

改めて、旧法の果たしてきた役割を見直すと、それが長い歴史的過程を経て、市民社会が求める建築士を生み出す基本的な仕組みを整え、今日まで一定の成果を挙げてきたことがわかる。例えば、先の審議会答申の冒頭「建築士制度の沿革」に書かれている次のような指摘に注目してほしい。

「建築士制度は、一定の知識、技能を有する資格者である建築士の自主責任を基本とし、法規を守るべき建築士に一義的に責任をもたせることとして、建築物の設計及び工事監理についての業務独占が与えられている。また、建築の計画・意匠に特化している西欧のアーキテクト制度とは異なり、建築物の質の確保と向上を図る観点から、建築に関する広範な技術者を確保、養成するための制度として構成された。建築士制度の導入によって、戦災復興期から高度経済成長期等を通じて、設計・工事監理はもとより、建築工事の指導監督を行う技術者等として相当数の建築士が従事することとなり、この制度はわが国における建築生産の場において、建築物の質の確保を果たしてきたと言える。」

旧法の基本を継承した「より幅広い建築技術の素養を有する基礎的資格者」

審議会で私は、優れて評価できるこの旧法の基本的な仕組みと、それによって形づくられてきた「建築士像」を今回の法改正によって消し去ってはならないと考え、「新しい建築士像」を、「建築生産業務の全領域に関わるより幅広い技術的素養を有する基礎的資格者」と定義したのである。

旧法の定義に従えば、業務領域は設計および工事監理、プラスその他業務ということになるが、それをこのように、まちづくり関係業務や施工関係業務、さらには、ストック維持管理業務といった幅広い業務も視野に入れ、建築士の業務領域をより拡大的に捉えようとしたのには、士会連合会および四七建築士会の背景に、それなりの共通認識があったからである。

建築士側にとって必要なことは、クライアントや消費者が、今、何を建築社会に求め、何を期待しているのか、そこを議論の出発点にしなければならないはずである。クライアントや市民が求めている満足度とは、建築生産過程の結果として生み出される建築物の総合的質の良し悪しであって、設計の質とか、施工の質とかを個別に問題にしているわけではない。言い換えれば、これからの建築士は、いかなる業務領域であろうと、クライアントニーズ、そして、市民社会のニーズに応えるために、〝真の技術の総合化〟を目指すべきと考えたのである。

技術というものは抽象的に存在するものではなく、個々の具体的な専門技術者に肉体化された情報として存在するものである。したがって、技術の望ましい総合化は、各専門技術者相互の良好なコミュニケーションを通して達成されるのである。そして、この技術者相互の良好なコミュニケーションを実現するには、各々の専門技術者が他の分野の専門技術に対しても、基礎的知識、技能を素養として有していることが必要不可欠だと、われわれは判断したのである。この判断こそ、冒頭で新しい建築士像を「基礎的資格者」と位置づけた最大の根拠といってよい。

論点③「社会的建築士制度」(専攻建築士制度)の役割とその制度設計をどう考えるか
市民社会への情報開示を意図した「専攻建築士制度」の創設

旧法では、どうような建築であれ、一人の建築士の技術と責任において、設計と工事監理業務は遂行できるという建前で組み立てられていた。しかし、今日の建築技術の高度化という現実を考えれば、こうした前提が、ほとんどの場合、実態に合っていない。少なくとも、構造設計、設備設計等のエンジニアの分野は、技術の高度化に伴い、専門分化された建築士によって支えられ、設計業務全体が多くの場合、複数の建築士集団によって成り立っている。しかし、こうした実態が消費者にはほとんど理解されていなかった。このような事実を考えるならば、建主や消費者側としては、いずれ業務提供してくれる建築士がどの業務領域を担当し、どのような責任を果たしてくれるのかを、明らかにするよう求めてくることが予想される。適切な情報開示の要求である。

この事態に対し、士会連合会は当初、法的制度の中で解決する途も考えたが、進化し続ける専門分化の多様性を考えれば、法的規制で受け止めるには現実的には無理があり、あわせて、建築士を差別化する資格要件を増すことになり、規制緩和になじまないと判断し、士会連合会は、「法的制度」によらない「社会的制度」による情報開示の仕組み「専攻建築士制度」を創設したのである。

「専攻建築士制度」設計の概要と運用の実態

士会連合会は、二〇〇四年春からこの制度の運用を開始し、現在に至っている。制度設計の基本は、専攻する業務領域を「まちづくり」「統括設計」「構造」「環境設備」「生産」「法令」「棟梁」「教育研究」の八つの領域で捉え、例えば、建築設計業務を主体に活動する建築士は「統括設計専攻建築士」として、施工業務を主体に活動する建築士は「生産専攻建築士」として、共に自らの実務やＣＰＤ[2)]の実績が評価、認定された上で、責任を果たす自らの業務領域を社会に明示するのである。

登録認定業務は、士会連合会に設置した第三者性に配慮した「認定評議会」で行っているが、いずれこの制度の社会的定着を睨みながら、市民代表、行政代表等の参画も得て、建築関係団体が中心となって構成される、より社会的権威のある認定機関へ移行すべきと考えている。現実は、三会での合意も得られず、また、社会への周知が未だ不十分なこともあり、残念ながら現在も実現していない。

間違っていただきたくないのは、士会連合会は、この制度を「建築士」へのメリットのために実施しているわけではないということである。あくまでも「市民社会」全体のメリットのために、消費者保護の観点から、消費者や建主が安心して〝真面目で信頼できる建築士〟を適切に選択できるツール（職能表示）を提供しているのである。また、それは法による権利、「業務独占」権で守られた建築士の当然の社会的責務として行っているのだということを是非、理解していただきたい。

「専攻建築士制度」と改正建築士法との連携関係の構築

ところで、この制度がスタートして二年後（二〇〇六年）に先の審議会の議論が始まっている。当然、審議会では、この専攻建築士制度が問題とした「技術の高度化に伴う専門分化の問題」をどう受け止め、どう対処すべきなのかが議論された。途中の経緯はともかく、結果として、改正建築士法では一般の建築士とは別に「構造設計一級建築士」「設備設計一級建築士」の制度が新たに創設された。端的に言えば、われわれの創設した「社会的制度」としての構造及び環境設備専攻建築士の一部が、そっくり「法的制度」の枠組みに引っ越してしまったのである。

士会連合会としては、この新たな一級建築士制度も、「社会的制度」の体系に一元化されるのが望ましいと判断していたが、最終的には対象となる建築士が、士法上の「業務独占」に関わることから、

「選別は法的手続きによって厳正、公正になされるべき」とする国の見解を了解したのである。

しかし、問題は残されていた。「業務独占」に関わる建築士は、構造、設備以外に、主役ともいうべき通称「意匠」と呼ばれる建築士が多数存在する。これらの建築士も当然、例えば、「統括設計一級建築士」といった差別化が図られるべきではないかとの意見が、特に「登録建築家制度」を士会連合会の専攻制度と同様の考え方に立って推し進めていたJIA側から出されていた。確かに、法システムの整合性の観点に立てば、それもひとつの筋論として理解できた。しかし、構造、設備一級と同様に「試験」という客観的な手法によって選別せざるを得ないとなると、多くの現役の建築士にとっては、この「再試験」は簡単に容認できる問題ではなかった。深い議論もないまま、自然消滅のかたちでこの議論は立ち消えた。

三会の立場に立てば、結論はどうあれ、私としては筋の通った議論をもう少し進めるべきだと考えていた。ポイントは二つ。第一は、〝統括設計〟の果たす役割を、今日の建築生産システムの中でどう評価し、どう位置づけるか。第二は、その統括設計業務を担う建築士の資質、能力をどういう手続きで評価し、差別化するか。この二つに対する答を、少なくともわれわれ三会は共有する必要があると私は考えていた。

今日の技術の高度化を考えれば、専門分化は避けられまい。「専攻建築士制度」の役割は、この分化の実態を広く市民に対し、職能表示制度として正確に伝えることにあるとしたわけだが、計画、構造、設備、施工といった専門要素技術をただ寄せ集めたところで「建築」が創れるわけではない。〝魅力的な空間〟創造を目指す統括設計という業務を媒介にして初めて、それらの要素技術が活き活きと秩序づけられ、統合され、「建築」が次第にその全貌を現すのである。

しかし、グローバル経済の異常な進展の中で、押されるように技術の高度化、専門分化がハイスピードで進む今日、専門〝分化〟から〝統合〟ではなく、〝分断〟への途に歩みつつあるのではと危惧されている。記憶に新しい三・一一の自然の災禍は、〝原発事故〟という想像を超えた文明の災禍をもたらし、同時に、専門分化の行き着く先を象徴するかのような〝原子力村〟という現代技術文明の病巣を露わにした。このような状況だからこそ、三会が〝統括設計〟の重要性を再確認し、市民社会に強く発信すべきだと私は考えている。第二の点については、次の論点④のところで取り上げたい。

2) ＣＰＤは継続能力開発の略称。

論点④「統括設計専攻建築士」と「登録建築家」との関係性をどう考えるか
建築家、建築士おのおのの社会的役割の明確化

二〇〇二年一一月一日、士会連合会はＪＩＡと〝新たな建築資格制度〟の創設に向けての二団体基本合意書を取り交わした。[3] 詳述する余裕はないが、その中にポイントの一つとして、『士会連合会が提唱する「専攻建築士制度」とＪＩＡが試行する「登録建築家制度」[4]を整合させる方向で、具体的な資格制度設計を他団体の意向も十分留意しつつ、かつ、ＵＩＡ等の国際的動きにも合理的に対応できる方向で、速やかに全国施行を目指す。』とする主旨の中短期に向けた合意内容が記されている。士

会連合会としても「専攻制度」の実施開始（二〇〇四年）までに決着をつけるべく、ＪＩＡとの討議を重ねたわけだが、議論は総論の域を出ないまま中断、現在に至っている。この間の議論の過程については、ここでは深く立ち入らないが、合意に至らなかったこれまでの議論に決着をつける意味でも、私自身の考えだけは、ここで明確に表明しておきたい。

二〇〇八年五月、私は士会連合会の第九代会長に就任した。その年の一一月二八日に迫った改正建築士法の施行を前にして、「建築士会、士会連合会が今後、どのような方向に向かって、どういう活動を展開していくのか、その方針を会長としてどう考えているかを聞きたい。」と、建設通信新聞社のインタビューを受けた。その中で先の二団体合意書に関連する質問があり、次のように解答した。

『私が結論づけた解決策は、二つのケースを想定していた。一つのケースは、認定基準を一致させ、まず「登録建築家」を「統括設計専攻建築士」の中に包含して位置づける。そして、統括設計専攻建築士の中で、専業の建築士のみを〝登録建築家〟と呼称する。ＪＩＡの会員でもある私としては、「専業」の今日的意義をもっとＪＩＡは重く受け止めるべきだと考えている。

それに対し、もう一つのケースは、登録建築家は設計専攻建築士よりもう少し高いところから、文化や芸術、デザインとしての建築、都市のあり方を提言する建築家として位置づける。その上でさらに、後ろに看板を背負わない自立・独立した専業の建築家の存在を社会に明示することは、意義があると考える。このケースの問題点は、私たちがこの〝芸術性〟なるものを社会が納得するかたちで、どう客観的に評価し、差別化できるかにある。ただ、私としては芸術性や文化性の評価は、専攻建築士制度で判断しているように、結局のところ、市民や社会全体の判断に委ねる以外にないと考えている。

いずれにしろ、両団体に属する私としては、ＪＩＡは建築社会の中で建築の〝芸術性〟〝文化性〟を純粋に高度に語り、実践し得る有志による唯一の専業建築設計者集団、つまり、建築文化創造の理念的団体としての途を正統に歩んでもらいたいと願っている。そして、建築資格者制度の問題は、この問題に対するＪＩＡのこれまでの長きにわたる努力に最大限の敬意を表する建築士会に引き継いでもらうという考え方に立っていただきたい。主として社会的活動を担う建築士会と、主として文化的活動を担うＪＩＡという役割分担を踏まえた両団体の共生のあり方こそ、わが国の建築社会全体が望んでいるのではないだろうか。』（建設通信新聞二〇〇八年一一月二五日掲載）

「専業建築家」の果たす役割の重要性

以上の考えは現在でも変わっていない。「建築家」という呼称は、日本の建築社会では歴史的に独特なニュアンスをもって使われてきたことは確かである。ＪＩＡの会員の方々が、建築士と建築家を簡単に同列に論じることに抵抗感を抱くことは十分に理解できる。ＪＩＡの会員でもある私にとっては、「建築家」の呼称はもっと大切に扱うべきだという思いが強い。つまり、私としては、「専業建築家」の社会的価値をもっと重く受け止め、その差別化を合理的に図るべきだと考えている。

抵抗感を抱くもうひとつの理由に、建築士とはレベルが違うというプライドの問題があるだろう。

この点については、グローバル経済に翻弄されている今の時代だからこそ、JIAの会員は、社会に対して「専業」と「資質・能力」の区別を硬直的な法的仕組みではなく、柔軟な社会的仕組みで明示することが、いかに重要かを再認識すべきではないか。今一度原点に還り、そもそもJIA建築家であることが、社会に対する最高のブランド表示になることを自覚し、もっと誇りをもつべきだと思う。

JIAの次の時代を担う方々には、是非JIA建築家の存在理由を再検証し、行動で示してほしい。

3) 士会連合会による二〇〇三年五月作成の「専攻建築士制度と継続能力開発（CPD）制度の狙いと制度設計」と題する「二〇〇三レポート」の中に参考資料として掲載されている。

4) この制度のポイントは、JIAの正会員の条件が専業建築士を原則にしているのに対し、登録建築家の認定条件を職能の専業、兼業の違いを問わないとし、よりオープンな建築家資格制度を創設しようとしていることにある。

論点⑤　これからの建築士に共有してもらいたい「基本理念」をどう考えるか
「地域」にこだわる思想的根拠「新ローカリズム」を共有しよう

『…絶対的真理はない、ということが二〇世紀の後半に、哲学の世界では共通認識になってきました。そのことを認めることによって、欧米の生んだ哲学が絶対的真理を提案しているという傲慢を、哲学は捨てたのです。…中略… 私もまた、真理はそれを真理とする関係的世界のなかだけつまり、その意味でローカルな世界にだけ成立する、という立場をとっています。

一方で、人々がそのことに気づき、ゆえに異文化をもつ者たちが交流と連携していく世界をつくろうとしているとき、国際的な政治、経済の部面では、「アメリカ的正義」の絶対化と世界化がおこり、その衝突が「反グローバリズム」としておこったのです。』

『ここに至る歴史は、思想史にとっては苦闘の歴史でした。…中略… そういった歴史を経て、私たちは新しいローカリズムを手にし、世界の単一のシステムにしていく動きに反撃しようとしてきたのです。』

一九八九年に発足した森林フォーラム実行委員会で、現在も御一緒している哲学者・内山節さんが二〇〇一年九月一一日、アメリカで起こったあの衝撃的な出来事に寄せてしたためられた文章の一節である（「やませみ便り」第二八号、二〇〇一年一一月二五日）。

建築や街づくりに関わってきた建築家としての立場からも、また建築士会活動の立場からも、常に気になっていた重要な論点「地域」の問題が、ここでは見事に指摘されている。ここには、これからの建築士が共有すべき「基本理念」のあり様が的確に示唆されていると、今でも私は確信している。そして、建築士によるこの「理念」の共有があってこそ、論点②で述べた「真の技術の総合化」がぶれることなく、可能となることを忘れてはなるまい。

「グローバリズム」と柔軟に向き合う「新ローカリズム」

このような理念的立場に関連して、内山氏は私とのある対談で、次のような指摘もされた。

『ローカルなものを基本において物を考えていくか、グローバルな世界に迎合するかというのは、これからかなり巨大な世界対立の要因になっていくだろうとみています。運動体としても、ヨーロッパの反グローバリズム勢力はかなりの力をつけてきていますし、それが途上国などの反グローバル勢力と結びついていくわけです。内容は違うけれども、かつての資本主義対社会主義の対立と同じようなスケールをもった対立軸が生まれ始めているなと思っている。』（住宅建築別冊五四、二〇〇二年一一月）

翻って、こうした視点で、わが国の建築社会の現状に目を向けてみれば、これまでローカリズムは、常にグローバリズムの補完的役割にしか位置づけられてこなかったのではないか。この事態に対して、われわれ建築家も、この圧倒的なグローバリズム（世界主義）に対抗し得る、自立したローカリズムを支える強力な理論武装をしてこなかったのではないか。深刻な時代の今だからこそ、「地域」にこだわり、反グローバリズムを主張する思想的根拠を明快に語る必要があるのではないか。

おそらく、グローバリズムはこれまで以上に、普遍的価値としての「経済合理主義」を前面に押し立てて、ローカリズムを制圧し続けていくであろう。では、こうした圧倒的な「グローバリズム」の力にどう対抗すればよいのか。この点についても、先の内山氏は次のように明快に語っている。

『柳宗悦が「合理的な理解というものは便利な理解ではありますが、深い理解ではありません。」というようなことを言っているのです。僕もこれが大好きで、合理的な理解を避けるのではなく、合理的な理解程度で解決できるものは、合理的にやっとけばいいでしょう。だけど、それですべての解決がつくと思ったら大間違いですよ。そんなものは合理的に解決がつく程度のことですよ、ということなのです。合理的な科学や合理的な技術で解決がつくことも、合理的な世界基準なんてい

うのも、この程度のものでしょう。』(『ローカルな思想を創る』人間選書二二〇、農文協)

ローカルなものを基本においてものを考えるという立場をはずすことなく、グローバルなものへも程々に、かつ柔軟に対応していくものの考え方「開かれたローカリズム」こそ、これからの建築士、そして、日本の建築社会全体が把持する「共有理念」とならないものだろうか。

次の時代を担う建築士の方々の理念的議論、そして、実践的活動を期待したい。

おわりに
地域に根ざして幅広く活躍する「コミュニティアーキテクト」の役割に注目しよう

これまで、「建築士制度」について「制度論」の立場から論じてきたが、私が次のステップとして考えていたことは、この新たな「建築士制度」のもとで、建築士ひとりひとりが自立し、望ましい業務環境で活躍できるよう、われわれ三会が、多様で独自の支援活動を試みることであった。「制度論」から「運動論」への展開である。

そこで、会長就任三年目の二〇一〇年に私は、そのための士会連合会、士会活動の第一歩として、地域コミュニティをフィールドに、総合的な住まいまちづくりを目指し、単なる設計統括のみならず、幅広い住まいまちづくりコンサルティングの役割を引き受ける建築設計者を〈コミュニティアーキテクト〉(以下、C・Aと略す)と命名し、そのあり方を検討する特別委員会を立ち上げた。そして、その成果をもとに、翌年の二〇一一年九月に開催されたUIA東京大会に参加、「C・A」をテーマにした士会連合会主催の国際シンポジウムを開催したのである。

地域コミュニティに焦点を当てたのは、一つは、わが国の地域コミュニティが都市、山村を問わず、経済のグローバル化、社会の少子高齢化といった大きな時代の流れを受け、生活の面でも、空間の面でも、構造的な再編に取り組まざるを得ない状況にあったからである。一方で、建築設計者に焦点を当てたのは、地域に根ざして活動するこれからの建築設計者は、社会的責務として、こうした地域コミュニティが抱える課題に対し、しっかりとトータルに向き合い、先の「C・A」としての役割を引き受けるべきと考えたからである。さらに言えば、地域コミュニティに取り組む業務こそ、これからの時代を担う若い建築設計者、とりわけアトリエ系建築設計者にとっては、間違いなくやりがいがあり、仕事になる業務であると考えたからである。

このシンポジウムに私自身が一番関心をもち、期待していたことは、「C・A」が具備すべき資質・能力をどう考えるか、また、その資質・能力をどう高めていくか、という問いかけに対する議論であった。議論を通しての私の結論は、「どのような職能人であれ、自らの資質・能力を高めるには、究極的には自らの覚悟と努力―自己啓発―以外になく、「C・A」においても、地域に根ざして、総合的な住まいまちづくりを目指す建築設計者一人ひとりが、実践を通して、自らの住まいまちづくりの〝設計作法〟（理念と手法）を身につけていく以外にない。」ということであった。

そこで本稿の最後に、後輩諸兄に何がしかの参考になればと、「C・A」を目指して、長年にわたり活動してきた私自身の総合戦略〝設計作法〟を左の図をもとに紹介しておきたい。

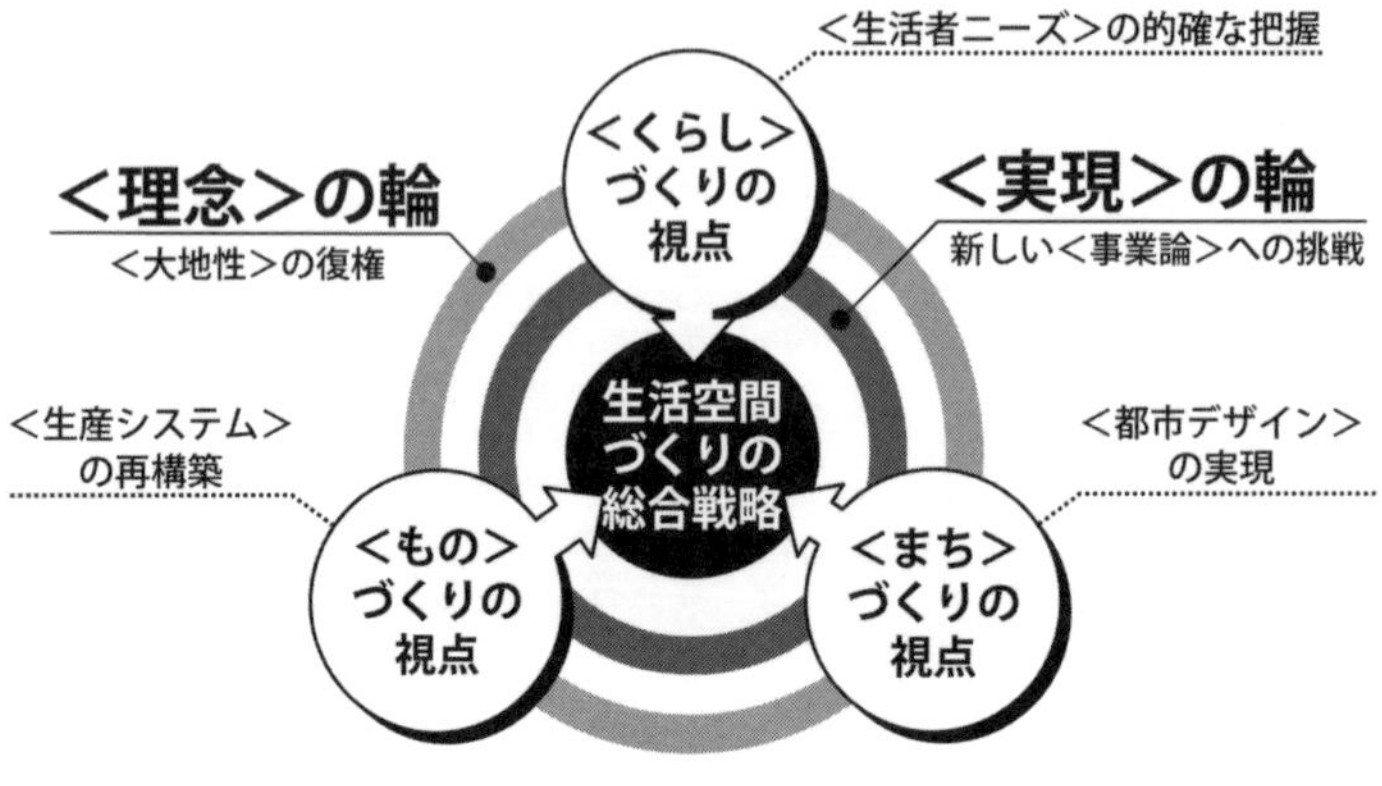

私の〈設計作法〉の見取図

端的に言えば、「C・A」の資質・能力に問われていることとは、法や個々のクライアントが求める資質・能力だけでなく、時代や社会が要請する住まいまちづくりに関わる幅広く多岐にわたる社会的課題に、的確に対応できる資質・能力があるかどうかである。そのためにも、「C・A」は図に示すように、常に活動の立脚点を〈地域〉に置くことによって、「もの」づくり、「まち」づくり、「くらし」づくりの三つの視点からの社会的課題を具体的に発見し、それらを関係づけ、総合的な住まいまちづくりを描き出す能力をもたねばならない。私の一貫した総合戦略としての〝設計作法〟である。

これからの時代を担う若き建築設計者諸兄が、全国各区地域で「C・A」を目指し、多くの実りある成果を挙げられることを強く期待している。

設計は、何回も何回も考え直すこと

角田憲一（つのだ けんいち）
一九四七年生まれ。芝浦工業大学建築学科卒業。大宇根建築設計事務所 顧問。前川國男流の設計方法を身近に経験し、その記録を多く書きとめ、設計の現状とあり方に強い危機感をもつ。

はじめに

今、自宅の壁に何気なく掛けてある全紙のモノクロ写真パネルは、一枚増え、二枚増えしてきたものだが、東京都美術館、藤枝市立図書館、宮城県美術館、長岡市北部体育館、東京都夢の島熱帯植物館、宮城県美術館佐藤忠良記念館、太陽カントリークラブクラブハウス、三島グランフィールズカントリークラブハウス、女川町水産観光センター（マリンパル女川）、大崎広域生涯学習センター（パレットおおさき）と並んでいる。この隣に今関わっている横須賀市立諏訪小学校が加わる。

これは、私の前川國男建築設計事務所時代の一七年余り、そして大宇根建築設計事務所の二五年間の主な仕事である。

そして、その中ほどには、製図台に向かう前川先生の六〇歳代後半の肖像写真が額に入っている。

今、私もその年齢に近くなっている。

一九七〇年四月、前川國男建築設計事務所に入所して以来、わかり切ったことも、もう一度問い直し、本当にそうなのか、モノの神髄を見極めながら、ほんものを創ることに賭けてきた時の流れがここにある。どれだけのものになったのか、それは後の人たちの判断に委ねたいが、今ここに本稿の書き出しとしたい。

建築家への道

前川國男建築設計事務所では、設計を担当したスタッフは、その監理まで一貫して担当して、若年時代は諸先輩から事務所の考え方の手ほどきを受け、それを次の世代に継承していくことが事務所のルーティーンになっていた。

「設計者として一人前になるには、一〇年でも足らない。」「設計は何回も何回も考え直し、行きつ戻りつしながら、どれだけそれを繰り返すことができたかが大切だ。」と先生はよく言いながら、私たちが必死に製図した上に朱の鉛筆でチェックしていく。それを新しく描き直すと怒られるので、それを消しながら、先生の考えている「何か」を捉えながら直していく作業を営々として繰り返して図面化し、その思いを現場の監理の中で、さらに設計を煮詰めていく先生の執念に学び、かつ竣工した後も、なにかにつけメンテナンスに関わり、「ものの有り様」を検証しながらの作業は、瞬く間に一つの作品で一〇年以上の作業になる。

この「もの」の本質を捉え、扱い方を学び、原寸で考えることは、建築家として立つ大切な過程である。

今日、設計と監理を分離して発注するような愚行が行われているが、ものの有り様を分断するこのような行為は、「確かなもの」を創り出す本来の建築設計を理解していない逸脱したものとして再考を願うものである。

建築家としての立場

一九八六年、私は四〇歳になる前に、前川事務所を卒業したいと考えていた。満三九歳の六月一四日に先生にその旨を話し、ご了解をいただいた直後、先生は六月二六日、八一歳で逝去された。

この数年、今後どのように建築をしていくのか、漠然とではあるが考えを巡らしていた。当時、日常の業務以外に日本建築家協会の会員になり、「入札をしない建築家の会」の活動事務局の仕事をお手伝いしていた。

この会は、前川事務所の先達でもある鬼頭梓氏の「建築家のあるべき姿を問い続けること」と題する一九七九年の年頭一文から日本建築家協会を中心に賛同者が集まった会で、一九八一年、大宇根さんが前川事務所を退職するまで活動した後を、宮城県美術館の常駐監理から帰社して後を継いだものである。

この会の動きに常々「建築家は自由を確保しなければ」、そのために「設計報酬はきちっとしなければ」、七四歳の先生は建築家の職能に暗澹たる思いの中、「何がよくないって、ビューロクラシー（官僚制）ほど悪いものはない」と言い続け、この会の象徴的存在として毎月の例会に出席した。しかし、この会は一九八六年五月の例会をもって休会になる。奇しくも六月に先生が逝去してまもなく。

この活動を通じて学習した「建築家のあるべき姿を問い続けること」が、前川卒業後の私の建築家としての基本姿勢となっていくのはもう少し後になるのだが、一九八六年八月をもって前川事務所を退職し、この思いを継続する方法として、前川事務所の先達である大宇根さんのもとに身を置くことで再スタートをきった。

そもそも建築の設計委任契約とは、クライアントとの信頼関係をもって成立する。その前提条件のもと、お互いが同等の位置関係にあってこそ建築家の社会的責任がまっとうされる。それこそが「建築家の自由」を保証しているとした前川先生の教えは、大宇根弘司と私たちの設計事務所の基本的理念として、信頼関係を構築し、作品または人を選定する方式を提案し、「入札をしない」体制を維持すべく小さな組織を運営してきた。

二〇〇六年の建築基準法の改正理念は理にかなったものであり、今までいい加減にしてきたことを明確化して「一級建築士定期講習」を制度化したが、設計者の報酬や選定に関しては、言葉通りには反映されていない。

また、それに先立ち職能団体である日本建築家協会（ＪＩＡ）が二〇〇三年五月に建築家資格制度「登録建築家」を、日本建築士会連合会が二〇〇三年末に「専攻建築士」を組織内に制度化し、消費者が専門家に安心して仕事を任せられるように、技術者の継続的な専門教育「ＣＰＤ」制度を立ち上げ、一定の成果を上げているが、その登録者は残念ながら近年、減少し形骸化し始めている。

このように現在に至るも、わが国には建築家の制度がない。建築士の制度は、単なる技術者の制度であり、建築の設計者の資質を問う制度ではない、ということが市民に認識されない限り文化的風土は醸成されない。

「登録建築家」は三年に一度の更新期を迎える。今年がその年に当たり、「建築家のあるべき姿を問い続けること」を思い起こし、問い続けるために更新をした。

建築家と仕事

ここで、実際に私たちの仕事の成り立ちを検証するため、写真で建築家と施主の関係を顧みてみよう。有体に言えば、建築家がどうやって設計を仕事にしているかを検証してみたい。そこに私たちの苦闘の歴史を感じ取っていただければと思う。

東京都美術館・藤枝市立図書館・宮城県美術館・長岡市北部体育館は、前川國男事務所として特命で契約したものである。しかし、東京都美術館は前川先生が直接、当時の美濃部東京都知事から依頼を受けたもの

東京都美術館（1974年竣工）

であるが、その他は組織内のスタッフが、施主との関係を繋いだことによる成果で受注している。

特命の場合は、基本的に信頼関係が確認され、責任関係がはっきりし、設計は家具設計まで及ぶことから、全体の空間の質を高めるとともに、ランニング・メンテナンスを含め初期の考え方と、時代の要請を考慮しながら、親しまれる建築になっていく例が多い。

また、東京都美術館・藤枝市立図書館・宮城県美術館は常駐監理、長岡市北部体育館は毎週一泊ないし二泊の週二日から三日で、常駐に近い監理を行った。監理は常駐することで、余分なことを切り落とし、確かなものを加え、密度の高い建築になる。是非ともこの慣行は残したいものである。


東京都夢の島熱帯植物館以降は、大宇根建築設計事務所の作品である。この夢の島熱帯植物館は、東京都の設計者選定委員会の公募で選定されたものである。この場合は、過去の経験は問わず、A3一枚の企画提案によって選定委員会の審査で決定してい

東京都夢の島熱帯植物館（1987年竣工）

る。

しかし、本来、設計者を選んだはずなのに、都の担当者からは作品を選んだと言われ、企画内容の変更が認められず、四半球の不安定構造の解析には大変に苦労している。

この設計者選定委員会はその後、数例を残し消滅しているが、見直しをして設計者の選定方法として確立すべき方式である。

監理は常駐し、監理段階でも設計内容を再検討し、設計変更の手続きを嫌う営繕課を説得して積極的に展開した。また建物竣工後も、温室の植栽展示計画にも関わり、開館までの全ての工程に参画した。

開館後は、夢の島特有の地盤沈下対策、食虫植物温室の増築と、東京都が直接管理していた時代はメンテナンスの関係も順調であったが、指定管理者制度が導入されてからは関係が途切れがちになっており、この民間に委託する施設管理制度は、建物の寿命を決定付ける維持管理には不向きと言わざるを得ない。

宮城県美術館佐藤忠良記念館（1990年竣工）

宮城県美術館佐藤忠良記念館は、当本館の設計監理を前川事務所のスタッフとして、美術館の学芸員との信頼関係の構築が大きな要素となり特命で受注している。山梨県立美術館以降の山梨のスタッフとの信頼関係の上に、山梨県立文学館・山梨展示交流施設「アイメッセ山梨」等の受注形態も、これと同系である。

宮城県美術館佐藤忠良記念館も本館同様に、設計から常駐監理全ての工程の中で内容を煮詰め、設計変更を繰り返し、最後の瞬間まで「ほんもの」を求めた作品である。

本館開館から三〇年余り、学芸員との関係も良好で、メンテナンスにも関わることができている。

太陽カントリークラブクラブハウスは、大手商事会社から紹介されたものであったが、施主との信頼関係の上での直接契約以外、設計は引き受けられないことを主張、私どもの過去の仕事を丁寧に見ていただき、十分な理解の上に契約できた作品である。

私にとっては初めての民間の大型設計案件で、これまでの官庁仕事とは違い、施主が企業の代表者という、個性をもった相手と対峙する楽しさの中で、設計者としてのアイデンティティをどう表現するかの修練となった。既存のクラブハウスでの運営をしながら、その前面に新設の施設を創ることを提案、コースに影響を

太陽カントリークラブ クラブハウス（1991 年竣工）

与えないよう計画し、家具調度も全てオリジナルに設計して、空間になじませ、ゴルフの解放感をのびやかに表現した作品となった。

グランフィールズカントリークラブは、大宇根弘司と施主との長年の親交のもとに、長い歳月をかけて実現したプロジェクトである。この設計の前に本社社屋の改修、境川カントリークラブのクラブハウスの設計等を経て、施主一世一代の事業として実現した。

箱根の三島側の駿河湾を一望する山麓で、まだ手つかずの山林の間に点在する戦後の開拓農地を見ながら、施主とこのあたりにヨーロッパの城のようなクラブハウスを、との思いを受け、「ほんものを創る」を基本に数多くの提案を行った。

外壁にはシドニーの砂岩をとの要望を受け、現地で実施した開口部回りの原寸モックアップで施主と確認した幅六五〇ミリメートル、高さ五五〇ミリメートル、厚さ七〇ミリメートルを積み上げる設計と

グランフィールズカントリークラブ クラブハウス（1992年竣工）

している。

監理は、次から次に出る施主の要請を受け、事務所に一名と意匠二名を常駐して行い、たび重なる変更要請に対応し、プレー後に三階のレストランより駿河湾から夕日に輝く富士を一望する大パノラマを満喫する計画とした。またコース内にある茶店は、茶室を取り入れたり山子屋の風情にし、スタート小屋も含め全ての建築を設計した。その後、経営者が変わっても、宿泊施設の改修も含めメンテナンスに関わっている。

女川町水産観光センター（マリンパル女川）は、構想の依頼を受けていた組織から、当時の女川町長による「宮城県の美術館新館を設計したのは誰か」との発言によって紹介され、計画から設計監理を特命でお引き受けすることになった。このように自治体の長が自分の見識で設計者を選定することが、建築家との信頼関係を構築する上では最も望ましいかたちである。

マリンパル女川（1994年竣工）

このような選定は、宮城県岩沼市の市長が「宮城県の美術館の北庭を設計したのは誰か」との問いかけが設計担当者にあり、押上地域開発の近隣公園及び緑道など、設計者として同等の立場が保証されれば協力するとして、監理を含め市と直接協議しながら進めた作品もある。

しかし、港の先端にあるマリンパル女川は、二〇一一年三月一一日の東日本大震災で一七メートル強の大津波を受けて被災した。屋上を展望のための庭園としていたことが幸いして、二〇メートルの最上階の広場に避難した人は人命をとりとめた。建物構造体は外壁も含め大きな損壊は見受けなかったが、われわれの現地を訪れての二回の復旧要請にもかかわらず、周辺の地盤沈下による復旧の方針等から取り壊しが決定され、現在は見ることもできないのは残念である。

計画中には、歴史に残るチリ津波は検討の対象で、設備機器の諸室や収蔵庫を、安全とされた最上階に計画したが、そのレベルも今回は被災した。それ以

朝日新聞夕刊（3月14日）

前の江戸時代や明治の大津波の経験は、資料もなく生かされなかったことは、今になってみると残念でならない（写真は三月一四日、朝日新聞夕刊—外壁のレンガの色が違っているところまで津波が襲ったと思われる）。

大崎広域生涯学習センター（パレットおおさき）は、宮城県の指名プロポーザルによって当選した作品である。

作品ではなく設計者を選ぶこのプロポーザルは現在、入札を除く方式としては最も多く採用されている。なかでも入札指名参加資格と過去の経験を重視する公募型プロポーザルが大半を占められており、誰でもが参加できる公募プロポーザルや公開コンペは限られている。

この方式で私たちは、相模原市立富士見小学校、韮崎小学校、韮崎西中学校、町田市相原の児童センター、町田市文学館、新潟の見附市立今町小学校、三条市立裏館小学校等を受注している。

この場合は、審査段階で設計のコンセプトが確認されていることから、設計はしやすいが、地域性の理解等、利用者や管理者との設計に入ってからの真摯な検討が大切になってくる。

横須賀市立諏訪小学校は、ＱＢＳ方式の設計者の資質を問う選定方法によって選定された作品である。

パレットおおさき（1999 年竣工）

私たちは前述したように、このような形で発注者の信頼を得る方法でなんとか作品を生み出してきている。しかし、世の中の市民の財産である公共施設の九五パーセント以上が入札で、「安ければよい」といった入札で発注されている。

このような状況の中で、プロポーザル・QBS方式は市民の財産を担保する初端に達したものといえるが、その後の成功を保証するものではない。

このような行政、市民、管理者の合意形成を軸とした設計者の選定が主流になっていくことは、設計者にとって少なからず望ましい方向であるといえる。

しかし、プロポーザルは過去の実績を重んじるあまり、大手設計事務所の独占を生み、アトリエ派の建築家の参加が制限されている点が、今後の課題である。より広く門戸を開き、多様な提案を広く求める、さらなる模索が必要であるとともに、審査のあり方も含めた検討が待たれる。

横須賀市立諏訪小学校（2012 年竣工）

建築を「つくる」

建築は「美しく」、「使いやすく」、「親しまれる」ものでなくてはいけない。そして、何世代にも渡り維持され、大切な景観となり、人々の原風景を形成するものでありたい。

しかし、近代建築は三〇年から四〇年でスクラップビルドされ、はかない運命をたどっているものが少なくない。そこには、コンクリートは強いものとの神話を背景に、コンクリート打ち放しの建築が謳歌されたが、表面劣化を起こし中性化の結果、まだ体力があったとしても、薄汚れた上に改修で設備の配管が露出して醜くなり、手直しして次の世代に残そうという思いもなくなってしまっている。

この反省の上に立って、私たちの世代の建築をどう「つくる」かが課題となる。前川先生はこのために打ち放しからの開放を求め、大型打ち込みタイルを建築の意匠の根本に据えた。この技術的裏付けから、日本の風土にあった素材によるメンテナンスフリーの外壁が完成したかに見えたが、従来のコンクリート建築の工法で打ち込むことは、コンクリートの打ち上がりを確認できないことから、結果として確かな建築とはなり得なかった。この近代建築をどう乗り越え、「確かで、美しい建築にするか」が、私たちの求める課題であった。
躯体を確かなものにするためには、ＰＣ化等の手法もあるが、一品生産の建築では、コスト的な検討をすると、現場打ちの躯体を選択せざるを得ない。確かな躯体を確認した上で、より確かな外皮を考えるか。このため前川國男建築設計事務所の後半には、外皮をＰＣで構成した山梨県立美術館と宮城県美術館を設計した。しかしこの手法でも、少しでも複雑で手の込んだことをするとコストに跳ね返り、全ての建築に応用できない。

この試行錯誤の後、外壁のメンテナンスコストを極力おさえ、空調等のランニングコストを低減させ、ライフサイクルコストに優れたサスティナブルな工法として、外断熱をしてレンガを積み上げる手法に到達し、修練を重ねてきた。この「つくり方」は、内部のコンクリート温度を室温近くに蓄熱し、一年のコンクリート温度の変化を抑えることによって、コンクリートの寿命を延ばすことにも寄与している。

しかし、良い建築にするには、設計に対する姿勢こそ大切で、何度もプランをつくり、Ａでもない、Ｂでもない、Ｃでもない、Ｄでもないと繰り返し考え、粘り強く掘り下げる精神力こそが基本になる。そして、それをやり遂げる建築家としての研ぎすまされた感性こそが必要とされる。
そのためには、さまざまな芸術や自然に学び、豊かな見識をもった建築家を目指したいものである。

構造設計者の役割と夢

金箱温春（かねばこ よしはる）
一九五三年生まれ。東京工業大学大学院修了、博士（工学）。金箱構造設計事務所 代表取締役、工学院大学特別専任教授、東京工業大学 連携教授。意匠設計者のこだわり・意図をくみ取り、構造設計者の立場から進んで構造形式・構造デザインを提案するなど、意匠と構造のコラボを具体的に実践している。

二〇〇五年の耐震強度偽装事件により、構造設計者が社会に認知されることとなったが、確認申請が厳格化されて構造設計における検証作業の手間が増えた。構造設計者の疲弊感が伝えられ、構造設計が魅力のない職業だと思われているともいわれる。

しかしながら、二〇一一年の東日本大震災においては多くの人命・街が失われ、安全・安心を目指した建築物を作り上げていくことの必要性はさらに高まっており、専門家としての構造設計者の役割は重要である。ここでは、構造設計者や構造設計の歴史を振り返り、今日の状況の中で、構造設計者が社会に貢献すべき専門家として、また生きがいを感じて活動するために必要なことを筆者の体験も含めて考えてみる。

日本における構造設計の黎明期

構造設計に関して、現代の状況を理解し今後のあり方を考えるためには、過去を振り返ることも重要である。わが国の近代建築において、構造設計の分野がどのように確立されてきたかを概観してみる。

明治時代に西洋から近代建築が導入され、この当時は工部省営繕課や臨時建築局に所属する技術者によって建築の設計が行われていたが、構造は西洋技術を模倣したレンガ造が中心であり、意匠と構造の役割分担はなかった。まもなく鉄骨造や鉄筋コンクリート造の技術が導入され、一八九一年（明治二四年）の濃尾地震により、レンガ造の耐震上の欠点が明らかとなると、地震国としての宿命から、その後は鉄骨、鉄筋コンクリートを用いた建物が志向されるようになった。構造設計を行うための教育が必要とされ、東京帝国大学造家学科において、一九〇三年に横河民輔が鉄骨構造学の講義を、一九〇五年には佐野利器が鉄筋コンクリート構造の講義を始めている。

大正時代になると、構造設計の理論や方法も急速な発展を見せ、佐野利器の「家屋耐震構造論」（一九一五年）や内藤多仲の「架構耐震構造論」（一九二二年）が発表された。建築物に関わる法律として、一九二〇年（大正九年）に市街地建築物法が施行され、さらに関東大震災後の改正により、水平震度が導入されて本格的な構造計算が必要とされるようになった。

このように大正中期からは、構造設計の分野が急速に専門化したため、意匠と構造を一身に兼ね備える建築家は絶えてしまい、構造設計という専門分化が始まった。ただし、この時期の構造設計者は建築家の下働きとして、建築家の決めた構造体の配置や部材寸法を実現するため、計算規準を頼りに設計図書をまとめる人たちが多かったといわれている。

建築と構造の協働

一九三五年頃より、吉田鉄郎、坂倉準三、前川國男など、合理性を重んじる近代建築の実現のためには、構造面からの支援が必要であると考える建築家が活躍を始める。また、坪井善勝、坂静雄などによる板構造の理論研究も始められ、構造の役割がそれまでの耐震構造実現への志向から広まりを見せる兆しを感じさせるものであった。第二次世界大戦後になると、建築における構造の創造的役割が認識され、前述のような建築家と、それに協力する構造家設計者との協働作業として多くの名建築が実現していく。

一九五〇年代、六〇年代は、建築と構造はどのように融合できるかが語られ、実践され、構造設計者の存在が建築界の中で認識されていった時代である。東京オリンピックや大阪万博といった国家的なイベントも大きな後押しとなり、多くの新しい建築が実現した。この頃、筆者は中学、高校時代であったが、これらの新しい建築がまぶしく感じられた。

構造設計者の役割や職能について語られることも多くなり、例えば、歴史学者の山本学治は「建築家と構造技術者の協働の必要は、極端に言えば近代建築の当初から意識されて追求されてきた。・・・（中略）・・・。現代に至るまで、両者の協働は、二人の人間の先駆的な協働設計の結果として、また

国立代々木競技場

同時に技術者でもあり優れた建築家個人の作品として、また建築的創造の意味を理解した幅の広い技術者の手によって、多くの優れた作品をつくってきた。」と述べている。また、一九五〇年に構造設計事務所を開設した横山不学は、「構造の可能性の開発によって、建築の新しい個性と効用との発展に積極的に寄与しようという内容が、構造計画の思想の中に顕著に表れてきた」と謳いあげている。

この当時の構造設計の実状としては、一九五〇年に建築基準法が施行され、構造設計における技術的な基準が示されていたが、詳細な計算や部材断面の計算方法は、日本建築学会から出されていた各種の構造設計規準に従って行われていた。一般的な建物の構造計算は、固定法やD値法と呼ばれるいわゆる手計算によって行われ、構造計算はある程度の力学の素養がないとできない状況であ

霞が関ビル

った。

構造技術は、時代とともに着実に発展し、一九六〇年代以降になると、地震工学の発展によって超高層建築への道が開かれ、大口径の杭の開発などによって、大都市の湾岸部においての高層建築の可能性も大きく広がってきた。さらに、構造計算に大型コンピュータを利用することも、ゆっくりとではあるが確実に進んできた時代である。

しかし、建築デザインと構造の融合という点においては、やや低調な時代へと変わり、一九七〇年代には建築デザインの分野と構造設計の分野とでは、興味は別々のところにあったといっても過言ではない。

建築デザインの分野では、近代建築への懐疑からポストモダン建築への指向が中核となり、デザインと構造を融合させる努力は一部では行われていたにもかかわらず、話題となることは少なかった。一方、構造の分野では、いくつかの大きな地震を経験したことにより、地震被害を低減することへの関心が高まり、耐震設計法が確立されていく。また超高層ビルの実現の技術的な原動力となった厚板鋼板、溶接技術など、構造技術そのものへ大きな関心が注がれた。

新耐震設計法の施行とコンピュータの発展

一九八一年には新耐震設計法が施行され、構造計算は高度で複雑なものとなり、変形の計算や保有水平耐力計算を行うことも必要となった。それでも、一九八〇年代前半の構造計算は、電卓や部分的なコンピュータプログラムを使用してできる程度の内容であり、構造計算以前に全体としての構造の仕組みを考え、力の流れを考えて構造（骨組）を決めることが重要であり、計算は最後の確認の手段として行うものであった。特殊な構造に対して、大型コンピュータを利用して計算を行うことができるようになったが、計算時間に対して課金されるシステムが多く、むやみにコンピュータで計算させることはできなかった。計算する前に全体のシステムをよく考え、得られた計算結果について十分な吟味を行うことは必須であった。いずれにしても構造設計において計算に要する時間は大きな比重を占めており、計算の内容を熟知した者が構造設計を行っていた。筆者が構造設計者として活動を始めたのがこの頃である。当初は電卓を片手に大変な思いで構造計算を行っていたが、次第にコンピュータを利用することになり、その恩恵を大いに感じた。

一九八〇年代後半になると、パーソナルコンピュータが急速に普及し、複雑な構造計算を取り込んだプログラムが作られるようになり、構造計算はコンピュータプログラムによって行うことが当然のこととなった。特に「一貫計算」と呼ばれるプログラムが出現し、建物の形状を入力すると、全ての構造計算を行って部材断面を決めることが自動的に行われるようにもなった。このことは、力学的な素養を身につけた専門家でなくても、構造計算ができるかのごとく錯覚を与えたものであり、実際の

ぐんま昆虫観察館

ところ「誰でもできる構造計算」といった宣伝で売り出されたプログラムもあった。
　冷静に考えてみればわかることであるが、構造設計は構造計算だけではなく、計算以前に構造計画をしっかりと行い、力の流れをコントロールすることが重要であり、計算は最後の確認の手段として行うものである。プログラムやコンピュータが発展したことにより、構造設計の手法が大きく変わり、それをどのように受け止めるかによって、構造設計者は大きく二分化されることとなる。

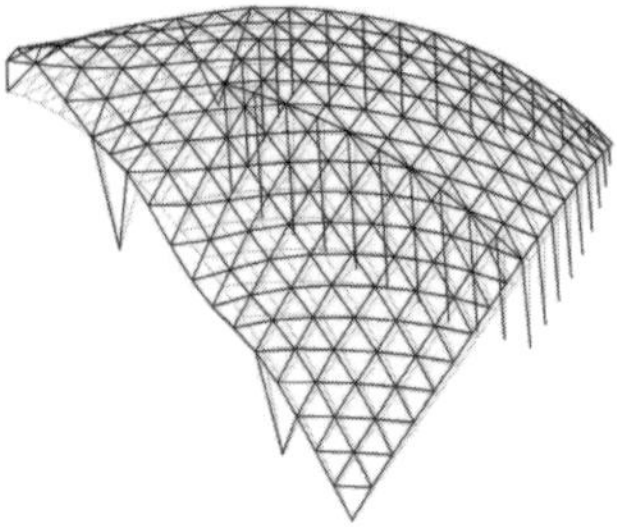
座屈解析の結果

　一つの流れは、従来と同様に建築デザインとの関わりを熟慮し、必要に応じて新しい構造システムを採用しようとする設計者たちである。彼らは、プログラムにより構造計算が素早く繰り返し行えることを生かし、さまざまな条件においての構造体の挙動を検討し、それをブラッシュアップするには、パソコンで手軽に利用できるプログラムはたいへん有用であった。応力計算を行うプログラムをはじめとして、座屈解析、有限要素法、振動解析などもパソコンで利用することができるようになり、構造設計の世界の広がりを可能とした。前ページの写真は一九九〇年代後半に筆者が構造設計を行った鉄骨ドームであり、応力計算、座屈解析、振動解析は全てパソコンによって行うことができた。

コンピュータの発展がもたらしたもう一つの流れは、計算が簡単にできることに着目し、早く、安く構造設計を行うことを指向することである。安くとは構造設計料のことだけではなく、部材断面を小さくして躯体工事費を安くする設計を行うということである。構造設計において、経済性を考えることは重要な要素の一つであるが、それが構造設計においての絶対的な価値観であると捉えることが蔓延する困った状況を生み出した。

プログラム利用の構造計算は、別の側面でも新たな現象を生んだ。プログラムを用いて構造計算を行うようになると、構造計算書はそれまでの手作りの計算書に比べると、はるかに多量の情報が出力される。確認申請の審査側ではこれらをどのようにチェックすべきかとの戸惑いもあったが、計算の内容については専門家を信頼し、出てきた結果が法律に適合しているかどうかの審査を行うことが暗黙の了解となっていた。

構造計算プログラムの計算内容について、審査を行い妥当であるものについて認定をする「一貫計算プログラム認定制度」が始まり、認定プログラムを用いたものであれば審査も簡略化されていたが、ここには大きな落とし穴があった。構造計算をする際には、さまざまな仮定やモデル化が行われ、計算以外にも重要なことがあるのだが、認定プログラムを使った構造計算では、この部分の審査も省略されてしまうことが多く、一貫構造計算プログラムを用いた安易な構造設計を助長させた。一方で、自作のプログラムや汎用プログラム（任意形状の応力解析を行うもの）を用い、設計者がよく考えて行われた構造設計の審査は慎重に行われるという矛盾した傾向もあった。

構造設計がプログラムを用いて安易にできるという風潮は、当然のことながら構造設計者の地位や構造設計料の低下につながる。もともと、一般社会には設計者＝意匠設計者との理解が普及しており、構造設計者の社会的立場は確立されておらず、構造設計者の資格は存在していなかった。構造設計者の職能団体として、一九八一年に構造家懇談会（一九九一年に社団法人化した日本建築構造技術者協会の前身）が設立されて職能確立に向けた活動が行われ、「建築構造士」という民間資格を制定していたが、構造設計者の認知への道は険しいものであった。プログラムを使った安易な構造設計は、さらに構造設計者の存在感と地位をおとしめることとなり、二極化した一方の構造設計者は、専門家としての倫理観を備えにくい状況にもなっていった。耐震強度偽装事件はこの延長上にあるともいえる。構造設計の本質を忘れ、単なる構造計算のプロを生み、ある意味で建築界でもそれを求める風潮があったことが原因の一つであろう。

耐震強度偽装事件

二〇〇五年一一月、衝撃的な事件が明らかとなった。一人の一級建築士が構造計算書を偽装し、建築基準法の規定に満たない強度を有する建物の設計を行い、審査機関の確認申請を経て建設されたこと、それが分譲マンションであり、建設したディベロッパーが販売し終わっていたため、購入者が被害者となったというものである。

事件そのものは、構造計算結果が規定値に不足していたものを、満たしていたかのように作り変えたことであり、建築基準法確認の中での不適合、建築基準法違反、建築士法違反である。この問題は一人の設計者の違法行為ということだけで済まされず、審査制度のあり方、設計者資格のあり方、消費者保護の仕組みのあり方など、多くの議論とその後の制度改正に繋がるものであった。

耐震強度偽装事件をきっかけとして、構造計算のサンプル調査が行われ、プログラムに依存した構造設計の具合の悪さが明らかとなった。「認定プログラムを使っていれば間違いのない構造設計ができる」、「専門家が行う構造計算のプロセスは信頼できる」、「現状の確認申請制度で構造設計のチェックができる」ということが否定され、再発防止策が立てられた。大きくは二つの内容の改定が行われ、一つは技術基準や審査方法などの建築基準法の改定、もう一つは構造設計の資格制度に係わる建築士法の改定である。

前者については、二〇〇七年六月に建築基準法等の改正が施行され、構造技術基準の明確化と確認審査の厳格化が行われた。それまでは、法律では基本的なことを定め、詳細は専門家である一級建築士に委ねるという前提であったが、偽装事件をきっかけとして、「設計者性悪説」あるいは「設計者の思想や判断は関係なく、一律の審査によって安全性を確保できる仕組みの構築」を前提とした改定が行われた。

構造設計に関する規定が法律で詳細に決められ、また、審査用の書類としての設計図や構造計算書の整合性を高め、記述内容を充実させることが義務づけられた。さらに構造計算適合性判定制度が新設され、審査側にも構造の専門家を配して、従来の審査にさらなる審査を加えたことである。結果として構造設計の手間、特に書類作成の手間が増え、改正法施行直後には審査の厳格化による停滞や混乱が起き、着工の遅れが経済停滞にまで及び大きな社会問題ともなった。

現在では〝審査の円滑化〟が認識されてきており、事前相談や事前審査の活用、適合性判定においての不適切な指摘をなくすための情報交換や、設計者との意思疎通を図るためのヒヤリングの実施など、実務側からの要望もある程度取り入れられた運用が行われ、混乱が少しは納まっている。

後者の構造設計の資格制定については、一級建築士の制度の根幹に係わることであり、社会資本整備審議会で大議論が繰り広げられた。一人の一級建築士が全ての設計を行ったことを前提とする確認申請制度や建築士制度の欠陥は明らかであり、構造設計者の存在を無視することはできず、専門家資格を作らざるを得ない状況であった。結果として建築士制度の改定が行われ、「構造設計一級建築士」が国家資格として誕生し、二〇〇八年一一月から一定規模以上の建築物の構造設計には、構造設計一級建築士が関与することが義務づけられた。しかし、一級建築士が設計に関する全ての権限をもつという既得権を守るため、「法適合確認」という曖昧な仕組みが組み込まれたこともあり、最善の制度であるかどうかは今後も議論が必要である。いずれにしても、構造設計を行うために実質的に必要な資格となり、構造の素養をもつ者が構造設計を担うことになるということでは一歩前進であった。

筆者は、偽装事件から建築基準法等の改正までの過程において、日本建築構造技術者協会（ＪＳＣＡ）の代表の一人として、多くの会議に参加し意見を述べた。今回の法制度改正は、耐震偽装事件が発端となっているため実状にそぐわない部分は多く、改正を是と捉えて構造設計を行っていく一方で、不都合なことは改善していく努力が必要であると考えている。

制度改正後の構造設計

建築基準法等の改正による設計への影響についてはさまざまな意見があり、構造技術基準の強化や審査の厳格化により構造設計がやりにくくなった、あるいは判断材料としての法の存在が大きくなり、設計者の創意工夫が生かされにくく、設計者の思考停止を招くということもいわれたが、本当のところどうだったのだろうか。

結論を言うと、構造設計の本質は変わらず、建物や構造のありようをよく考え、設計者としての意図を明確にし、それに応じた検証をきちんと行うことにより、従来と同様に創意工夫をこらした設計は行えると考える。

構造設計は、工学的に可能な数多くの解決案の中から最適なものを選び出していく行為であり、構造計算や法律に適合させることはその一部である。確かに、新たに多くの項目が技術基準として規定され制約が増えたように思えるが、従来から慣習的に用いられていたことが明確にされたものも多い。無理なモデル化により設計していたものが、同じようにできなくなったかもしれないが、設計としての配慮や検証を十分に行えば、創意工夫した設計が排除されるものではない。

例えば、構造計算におけるモデル化の規定が設けられたが、モデル化の解釈に幅がありそうな場合には、余裕を見込んだ設計をすることにより対応はできる。とは言うものの、検証をきめ細かに行う必要はあり、検討項目も増えたので、従来よりも設計に手間がかかることは免れない。ともかく、法律が変わったことを言い訳にして、構造設計の手間を惜しみ、構造設計の陳腐化を招いてはならない。

審査においては、設計内容を説明することが重要となり、説明ができない設計者は、設計の自由度を失うことになる。つまり、偽装事件以前に存在していた、構造を理解していない構造設計者は退場せざるを得ない状況となった。このことは、構造設計者の全体像を考えた場合にはスキルが上がったことを意味するので、構造設計者の職能のレベルを維持し、地位の向上を目指すためにはプラスと考えられる。

法はルールであるが、建築の構造は個別的に判断する部分も多いため、ルールを作ってそれだけで判断ができるものではなく、最終的には設計者の資質、判断、倫理観に委ねられるはずである。したがって、倫理観をもった専門家の活用を前提とした制度が必要であり、このことを社会に理解してもらう必要がある。このためには、構造設計の役割、構造設計者の職能を社会にＰＲしていかなければならない。二〇一一年に発生した東日本大震災により、社会の人たちの建築構造の安全・安心について意識は高まったこともあり、安全・安心を確保しつつ、その上で魅力的な建築を生み出すことの重要さを伝えていくことから始めなければならない。

構造設計の楽しさ

以上で述べたように、構造設計の現状を見ると、以前に比べてつらさが増したかもしれない。しかし、つらいことのない仕事はあり得ないし、つらいからこそ楽しみもやりがいもあるのではないだろうか。

構造設計の楽しさとは、まず建築の創造への参画があり、これは構造計画を通じて行われる。構造計画は建築計画との整合性とを計りながら、さまざまな構造システムの可能性の中から、それぞれの建物にふさわしい構造（骨組）のシステムを考え出す創造的な行為であり、建物の質を決定する重要な行為である。

構造のアイディアを生むためには、スケッチ、骨組模型などを使ったり、簡単な計算を行ったりと、いろいろな手法で考え抜くことが求められる。左の図と写真は、筆者が中学校体育館の構造設計を行った際のスケッチや架構模型である。考え抜いた結果として、建築デザインのイメージと構造のアイディアがフィットする時が訪れる。まさに、構造設計の楽しさを体感できる瞬間である。

また、構造の役割は建物の安全性を確保することが基本要件であるが、それに加えて、魅力的な建

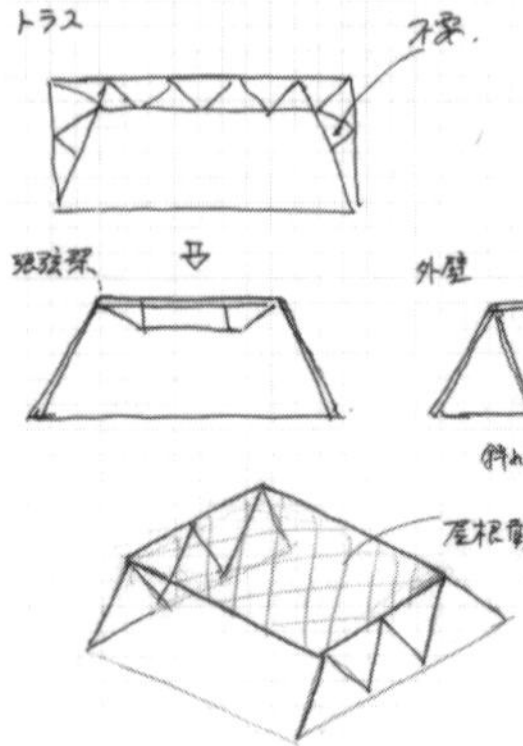

構造計画のスケッチ

架構模型

築を可能とする構造システムを構築すること、それを許容されるコストの中で実現していくための工夫がいる。安全・デザイン・コストといった相互に矛盾する条件面でのバランスを計ることが必要であり、矛盾する与条件のバランスを考えながら専門家としての判断を加え、構造的な検討結果により建築計画が修正されることもある。バランスを考えるということは、一人の設計者として、また設計チームとして悩み続けるということでもあり、一般的な手法はなく、プロジェクト内容やチームのメンバーによって最善の解決策が異なる。悩んだ末に解決策が見えた時の晴れ晴れしさ、建築として実現したときの感動は、一度体験するとやみつきとなる。

次頁の写真は芸術系大学の校舎であるが、中央の吹抜けの周りにスパイラル状に、しかも平面的なずれを持ちながら教室が配置された建築である。複雑な構造形式が採用されたものであるが、何のために複雑な構造とするのか、設備計画との関係やコストとの折り合いなど、多くの難問を解決して実現したものである。

東京造形大学 CS プラザ

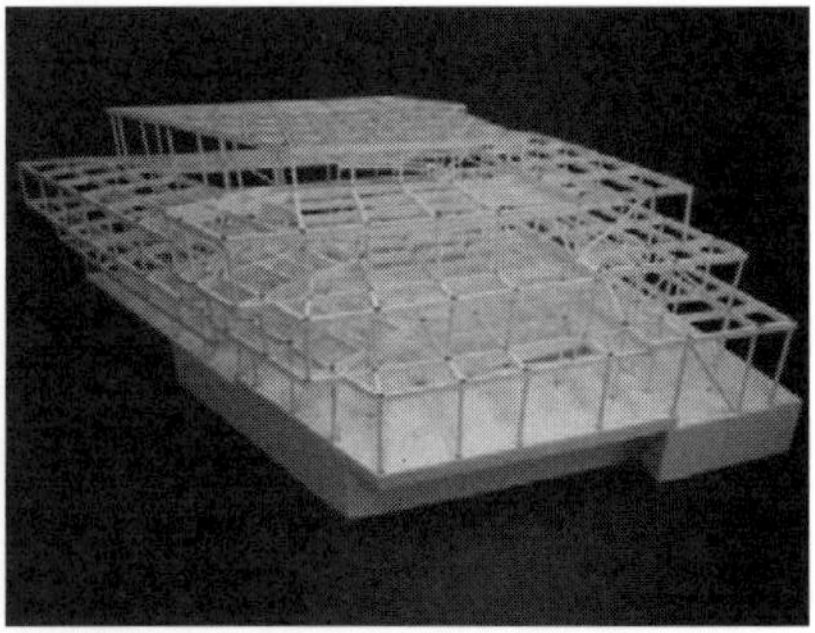

架構模型

以上に加えて、社会との結びつきを深めることによる職能人としての充実感がある。耐震強度偽装事件により構造設計者の重要性が認識され、二〇一一年の東日本大震災後には、耐震性に関する関心が高まり、その相談相手としての構造設計者の存在感も増している。今までのように、意匠設計者の陰に隠れていてはいけない。建築主に会い、構造の仕組みをわかりやすく説明して理解してもらうこと、作り上げる建築の思いを共有すること、これらの専門家としての役割を果たすことは大変な仕事であるが、そのぶん充実感が大きいものである。

次ページの写真は、この目的のために日本建築技術者協会（JSCA）が二〇一二年四月に発行したパンフレットである。ここでは、建築主と構造設計者の対話を通じて建物の構造を考えていく際のポイントが述べられている。筆者はこれを用いて建築主に説明をする機会をもつこともあるが、説明を理解してもらい、「よくわかりました。後はお任せいたします。」と言われることは、とてもうれしいものである。

構造設計者の夢

日常的な業務を充実させることで構造設計の楽しみを見つけることができるが、さらに、生き方、行動のしかたを工夫することで、構造設計者としての大きな夢を達成することができる。

まずは、テーマを見つけて育てることである。さまざまな建築家とプロジェクトを進めていく中で、構造設計者として

構造設計パンフレット

継続したテーマを追求することを心がける。プロジェクトにはそれぞれの理由があり、構造のアイディアがいつでも実現できるとは限らない。一つのプロジェクトで複数のアイディアが生まれることはあるが、実現するのは一つであるし、実現したものでも、改良や発展が発見できる場合もある。そのため、複数のプロジェクトを貫く構造設計のテーマをもち育むことができる。

筆者が追求してきた構造設計のテーマの一つの例として、木質ハイブリッド構造について紹介したい。RC造と木造を組み合わせることで、開放的で経済的な新しい木造空間を生み出す構造システムである。八年の間に、異なった建築家と写真にあるように三つのプロジェクトを実現している。平屋建で整形な学校建築から始まり（糸魚小学校）、二階建事務所ビルへの適用（ベターリビングつくば建築試験研究センター）、平面が複雑な建築への適用（宇城市立豊野小・中一貫校）へと、単純な建築から複雑な建築へと発展してきており、これらのプロジェクトは、構造設計という観点で連続性の

ベターリビングつくば建築試験研究センター

糸魚小学校

あるものとなっている。

また、実践したものを整理し、発表することで構造設計者としての世界が広がる。自分の体験を仲間に披露し意見交換を行うことで、自分が行っていることの位置づけが認識でき、活動内容を発展させることができる。設計のときには時間に追われて夢中になって進めていることもあるが、発表することにより考え方の整理ができ、そのことが逆に以後の設計において役立つし、構造設計者として成長していける。

さらに、さまざまな人との出会いが財産となる。建築のプロジェクトにおいては、施主、設計関係者、施工関係者など多くの人と出会い、皆が共通の目標に向かって行動することになり、そこで築かれた人間関係は貴重である。多くの人々との触れあい、刺激をもらいながら「構造設計」を考え続けることで、設計の深さが増してくる。人との出会いは、プロジェクトや所属する組織でのつきあいに限定するべきではなく、職能団体への活動に参加することなど幅広くすることを心がけると新たな発見が増える。

構造設計や構造設計者はどうあるべきは、今でもホットな話題である。構造設計者は過去を学び、現状を睨みつつ将来を考え、自分の可能性を信じてチャレンジしていくことが必要である。

参考文献
1) 村松貞治郎、日本近代建築の歴史、彰国社、一九七六
2) 山本学治、現代建築と技術、彰国社、一九七一
3) 横山不学、理念の追求と展開、彰国社、一九七九
4) 山本学治、造型と構造と、鹿島出版会、一九八〇
5) 木村俊彦、構造設計とは、鹿島出版会、一九九一
6) 金箱温春、構造計画の原理と実践、建築技術、二〇一〇
7) ＪＳＣＡ構造デザインの歩み編集ＷＧ、構造デザインの歩み、建築技術、二〇一〇
8) 日本建築学会、建築の構造設計 そのあるべき姿、二〇一一

宇城市立豊野小・中一貫校

意匠設計優位の風潮のなかで、安全計画のノウハウをどう生かしていくか

富松太基（とまつ たいき）
一九五〇年生まれ。東京大学工学部建築学科卒業。（株）日本設計 情報・技術センター長。防火技術者の第一人者でありながら、意匠設計マインドをもつ。意匠優先で安全を忘れた設計が幅を利かす中で、安全で美しい建築を夢見ている。

建築設計というと、すぐに意匠（デザイン）に目がいって、その形態やプランニング（計画）に秘められたものを見過ごしがちである。実際の設計行為の中では、外装や内装、見た目の空間の芸術性の部分に検討の時間を割くことは、実務としては少ないのが現状である。それでも何とか「自己実現」と称してモガクことが美徳とされるのは、少し違うような気がする。

建築設計の目指すものに、安全で、人々が安心できる空間を創造する、ということがあるのは間違いない。これを法規に合っているから大丈夫というのは誤っている。建築基準法の第一条に「この法律は、建築物の敷地、構造、設備及び用途に関する最低の基準を定めて、国民の生命、健康及び財産の保護を図り、もって公共の福祉の増進に資することを目的とする。」とあり、あくまで最低の基準と肝に銘じて設計すべきである。その中でも、安全設計（特に火災に対して）に主眼をおいて設計を進めたい。

建築防災計画書の役割

「建築防災計画書」というものがある。かつては建設省（現・国土交通省）が、高層建築や不特定多数が利用するような建築物は、一般の法的チェックのみでは火災時の安全性が保証できないのではないかということで、建築防災計画評定制度の中で作成を義務づけていたものである。しかし、建築行政のあり方（地方分権と通達行政の見直し）などから義務ではなくなり、特定行政庁・自治体の判断で求めるものとなり、建築防災計画評定制度そのものも任意で、なかなかお目にかかることのないものとなった。

しかし、これは評定のための資料というだけではなく、これを作成することに多くの意味があった。設計者にとっては、自らの設計内容をレビューする機会となり、評定審査の場では評定側の委員の先生たち（大学の先生や行政関係者、研究者など）とやりとりすることで、自らの防火や建築計画などの知識を拡大する場となり、同時に建物の発注者や管理者にとっては、建物の防災的な性能を理解し、維持管理に役立つものであった。コミュニケーションの手段として実感したことが多々あったし、これらを経験することで自然に「防災マインド」のようなものが身についた。

この作成には、日本建築センターから「指針」が出されており、丁寧に作成法が解説されている。さらに「事例編」もあり、設計者にはビジュアルにわかるものであった。また避難に関する計算法も示されており、意匠設計者には苦手(?)かも知れないが、客観的に設計内容を評価できるのもよい。また、このことが防火や避難に関する基礎知識となり、ひいては非常時の人の流れが見えてくること

建築防災計画書の記載項目(例)

1. **建築物の概要**
   建築概要・付近案内図・建築および設備計画概要など
2. **防災計画基本方針**
   防災計画上の特徴・敷地と道路・避難階・防火区画・防煙区画・安全区画・各階区画図・防災設備の概要・内装計画など
3. **火災の発見、通報および避難誘導**
   自動火災報知設備・ガス漏れ火災警報設備・非常電話設備・消防機関への通報設備・非常放送設備・非常用の照明設備・誘導灯・避難指令の方法など
4. **避難計画**
   避難計画の概要・避難対象人員・避難時間計算・避難施設の概要など
5. **排煙および消防活動**
   排煙設備の概要・消火設備の概要・消火設備図・非常用の進入口・非常用エレベーターなど
6. **管理・運営**
   防火センター・各設備の作動シークエンス・維持管理の方法や形態など

にもつながる。

建築設計は総合的なものであり、技術とともにこのような計画的なものにも気配りが必要である。任意でなく、ある程度義務的なものとして、再びの隆盛を願っている。たとえ義務でなくとも、「防災マインド」のようなものをもって設計に取り組んでいただきたい。

エレベーターロビーと煙の伝播

建築防災計画書の作成に関わり始めてからすぐのことである。避難ルート上にエレベーターロビーがあってはいけないというのである。理由を聞いてみると、エレベーターの扉には遮煙性能がなく、他階からの煙で汚染される可能性があるというのである。それが建築計画の基本であるコア(階段や便所・エレベーターなどをまとめたもの)計画に大きな影響を及ぼすことに気がついた。最近

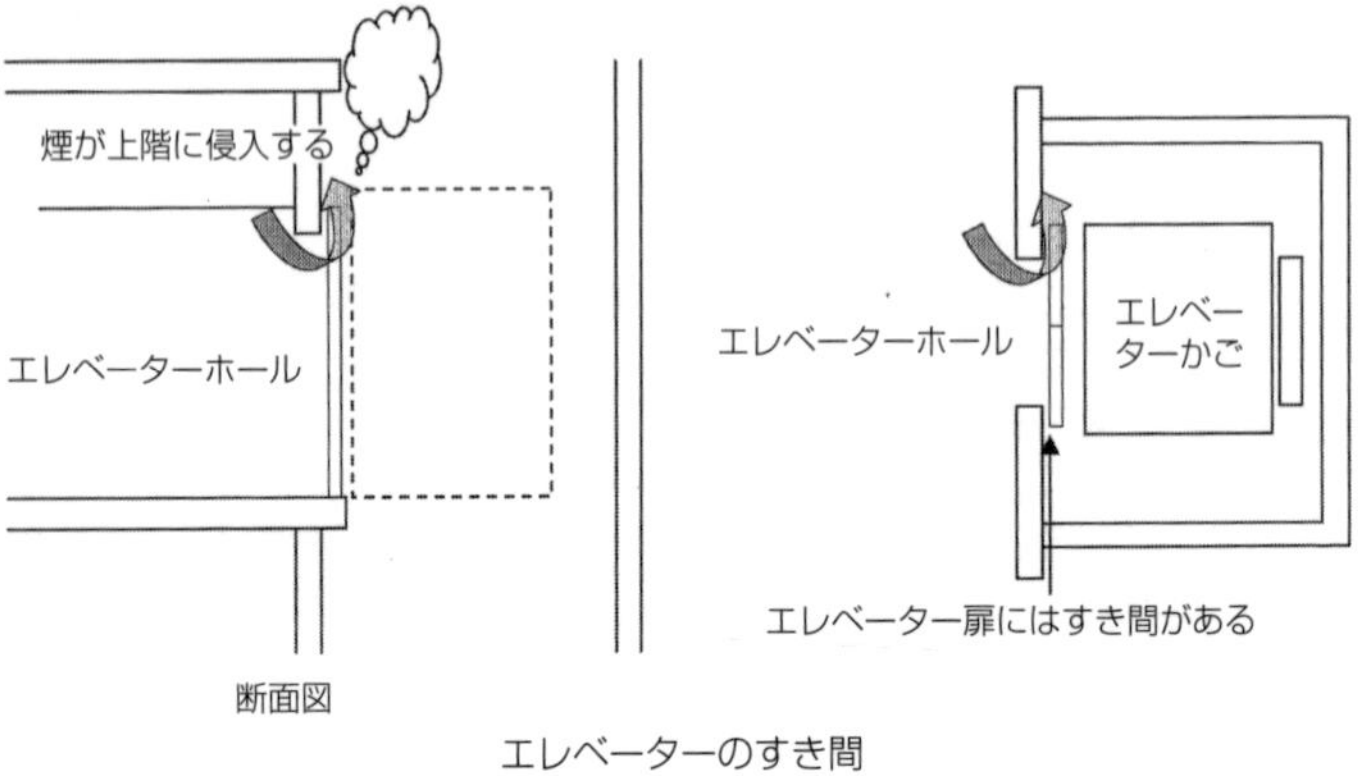

エレベーターのすき間

は遮煙性のあるエレベーター扉も開発され、このような配慮はあまり必要ないようだが、当時は大いに困惑したものである。その後、建築基準法が性能規定化に改定されて多くの人の知るところとなり、結果としてはよかったと思っている。

このことがどうして問題かというと、基準階有効率というのが事務所ビルにはあって、いかに事務室面積を多く確保するかによって決まるので、コアをコンパクトにすることが求められるのである。その際に、エレベーターロビーを避難経路に兼用することはよく行われていた。当時の建築設計者はこれを当然のように思っていたが、そうではないということを知らされ、防災計画の必要性を痛感したのである。

エレベーターロビーに限らず、煙という火災時にしか見えないものによって汚染される空間に考えを及ぼすこと、平常時だけでなく、非常時にも関心をもたないと、建築設計はできないのである。意匠や効率だけではいけないのである。

直感的二方向避難と安全区画

よく「二方向避難が大事」といわれる。当たり前のことと思われがちだが、これが結構むずかしい。特に外観にからむと、「ここには階段を設けたくない」ということで、悩むものである。意匠を優先して計画していると、つい避難計画は後回しになる。

事務所ビルを例にとると、コアの配置とコア内の階段の位置が課題となる。「ダブルコア」というものがある。独立したコアが二つあって、それぞれに階段があると、一方が火災で煙に汚染されたとしても、他方は無事に使えるというものである。しかしこの場合には、外観はある程度制限されてしまう。また「センターコア」というものがある。これは、外観には大きな影響はない。ただコア内の階段の配置が問題となる。できるだけ離すことが大切である。ただ一階などの避難階で、外部への経路などの課題をもたらす。低層階に商業施設などがあって、人が大勢いる通路などを階段から屋外への経路にすると、混乱を起こす可能性があるからである。

結局、基準階と一緒に避難階もイメージできることが肝要である。「直感的」と述べたが、一度に複数のことを考えられる能力を磨くということである。外観と基準階のみならず、避難階も一緒に考えること、総合的に考えることは一朝一夕にはできないし、最初から分業してはできないことである。

建物が大きくなると、設計効率の面から、内外を分けたり高層階と低層階を別に検討することがあるが、間違いである。このためには、全体を考えたエスキスやスケッチを重ねることである。今はCADが普及し、分業して作図しやすくなったが、その前にやることはたくさんある。ここでも経験

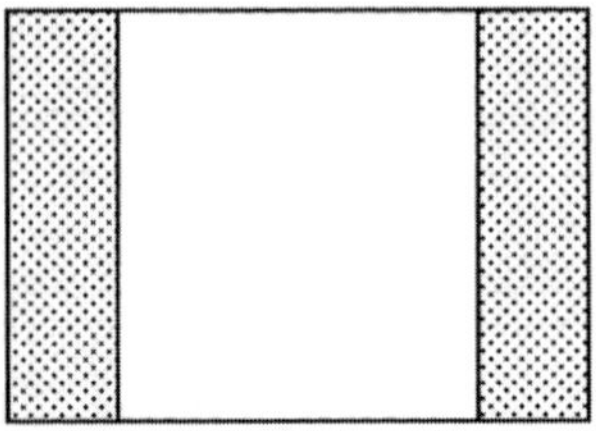

ダブルコア

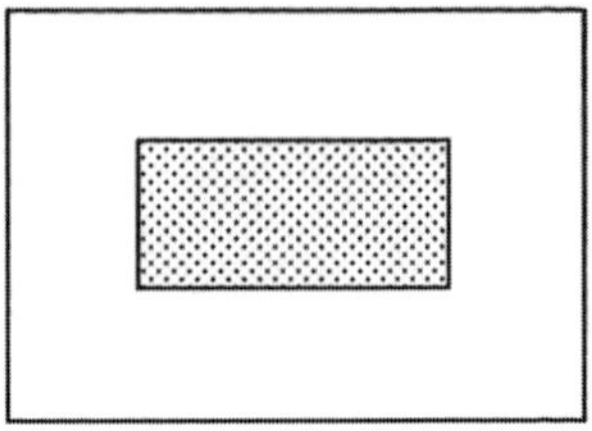

センターコア

が大切なことは言うまでもない。経験豊富な、よき先輩たちとつき合うことで、その行程を短縮できることも付け加えておきたい。

また、「安全区画」という概念が大切であることを、前述の「建築防災計画書」作成のときに知った。これは階段に入る前に、廊下などの煙から、まずは安全なところに一時滞留して、そこから次の行動をとるというものである。これは非常に大事なことと思われるが、知っている人は少ない。避難計算をやってみて、滞留の面積などに大きなポイントがあることを理解できる。これも二方向避難とともに考慮しないと、有効率にも影響するので注意したい。まずは、人がどのように避難するのか、ということを考えることから始まるのである。発注者にも理解を求めたい。

専門分野の確立と法整備

意匠設計者という言葉によく惑わされる。構造設計者や設備設計者が存在して初めていえることである。建築の大規模化、高層化、複雑化などから、それぞれの専門家が必要な世の中となっている。法的にも一級建築士の役割が見直されてきた。それでは「防火設計者」はどうなるかということである。

欧米では「防火技術者」が建築設計者（意匠設計者）と連携して仕事をし

ており、その職能は認知されている。しかし、日本では特殊な場合にしか活躍していない。建築基準法の性能規定化によって、その検討に際して必要な場面がようやく出てきたというところである。いつの日にか、日本でも防火技術者が活躍して、必要な時に協働で設計や監理、維持の場で、その専門性を発揮したいものである。そのための社会的な認知への努力は続けられている。また、欧米のように保険制度などともつながることに期待したい。経済原理的なものが、よい建築、よい設計、よい管理につながることを考えないで、いつまでも法的規制にのみ頼るわけにはいかないと思う。

意匠設計者としても、防火設計の最低の知識は必要である。建築計画的なものはもちろん、排煙や消火に関する知識はもっていないといけない。アトリウムなど上階延焼や煙伝播があると予想される空間を設計するときには、多くの知識を必要とする。防火技術者任せにはできない。シャッターなどの機械的なものに頼り過ぎてもいけない。また、火災の知識はなかなか得る機会がない。消火設備は見ていても、それが作動したらどうなるかもわからないことが多い。それでも何とか知る努力を求められているし、ぜひ知識を求めてほしい。ノウハウは努力の積み重ねの中にある。

自由の行方

法の「性能規定化」ということを機会に、設計の自由度が増したといわれている。アトリウムなどの空間は、これをベースに実現してきており、この裏には技術の進歩がある。火災や煙のシミュレーション技術の発展がある。コンピュータの発達も目覚ましいものがある。構造や設備、環境の世界も

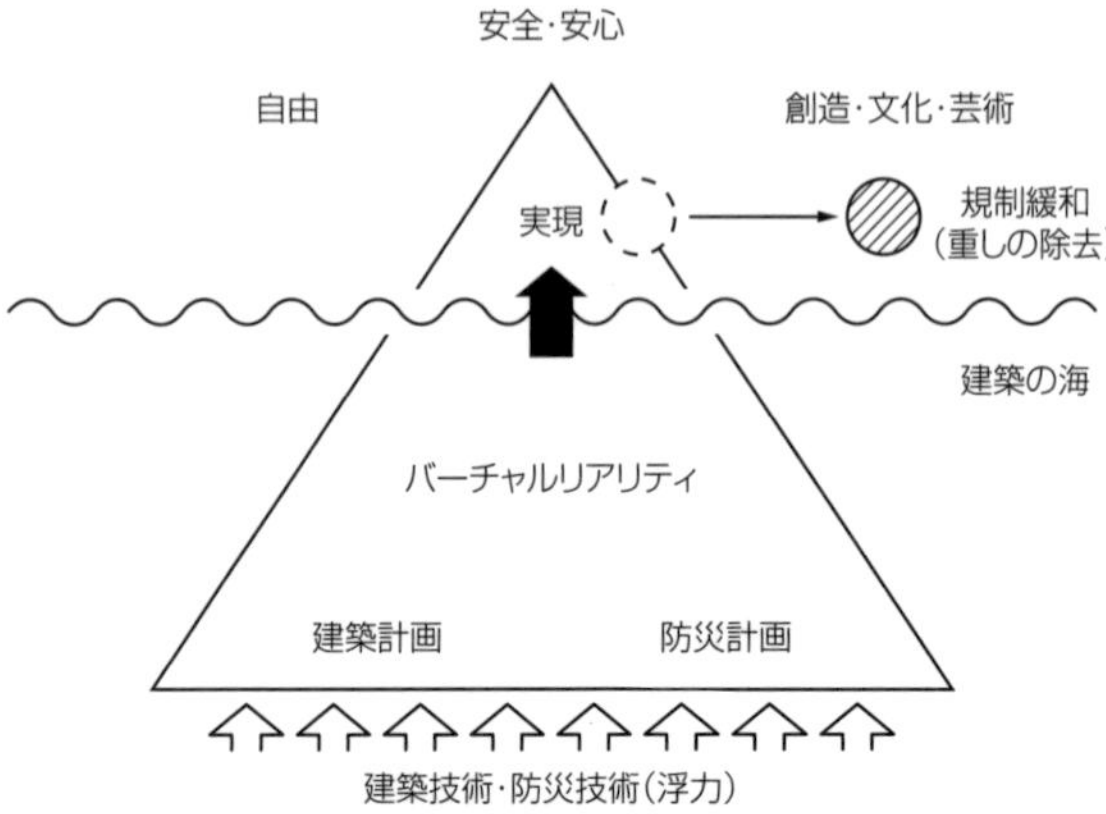

規制緩和図

同様である。規制緩和がもたらした自由の世界は、創造・文化・芸術の発展はもとより、「安全・安心」の世界でなければいけない。これは、三・一一の東日本大震災の時にもいわれたことである。人々に幸福をもたらすものは何かという疑問であり、科学技術がもたらす限界も問われた。

建築の世界も同様である。建築設計者にとって大事なのは、第一に「安全・安心」である。これは防火の世界に限らない。大型回転ドアの事故の時にもいわれた、日常災害にもあてはまることである。意匠上の自由に安全が伴っていないと大変なことになる、という一例であった。

ただ、このことは、決して新しい空間を目指すことをやめよということではない。技術が解決するものもたくさんある。夢を持ち続けること、何かを提案することは「創造するもの」の使命である。多くの協力者を得て邁進してもらいたいものである。図にも示したが、技術の裏づけでようやく実現できるものが、建築の世界には多いのである。

まちの見方（建築からまちへ）

建築の安全が、まちの安全につながることは間違いない。個々の建築が、安全であることが不可欠である。火災時に隣の建物に危害を与えないこと、消火活動を妨げないことなど、多くの備えるべきものを検討し設計する必要がある。市街地火災は、建物の不燃化と道路の拡幅などで随分と減少したが、震災時の対応は、阪神大震災や東日本大震災を目の当たりにすると、まだまだのような気がする。特に空地の確保などは、延焼防止の上でも大切なことと思われる。もちろん緑化をすれば、ヒートアイランド現象の緩和にも役立つ。安全な広場として、非常時の機能の確保につながるのは大きい。

都市計画との関係もある。意匠設計者はこれを避けて通れない。法的に防火上の地域・地区指定がなされる裏には、何かわけがあると考えたい。将来的なものを見越して決めている場合もある。隣の建物に危害を与えないことが第一であるが、危害を隣の建物から受けないことも大切であり、防御的な考えも必要な場合がある。例えば、木造密集地に隣接するようなケースであり、通常以上に防火には配慮したい。最悪の場合も考えた避難に対する眼も、設計者として、まちを広く見ることからもちたい。

外装と火災時の安全性について

最近の話題を紹介したい。意匠設計者にとって、外装は大きな関心事である。特に近代のカーテンウォールは、多くの選択肢を可能にした。ガラスや金属の外観は、技術文明の発展を具現化している。

ただ火災時の安全性については、課題が残る。また、省エネルギー技術の発展とともに、外断熱材などの可燃性についても、諸外国（特に新興国）の火災例をみると、何らかの対処が必要と思われる。外壁が燃え上がって大きな被害をもたらすということが頻発している。さらに火災に限らず、安全ということからは、落下防止への設計側からの対応もあろう。経年変化や維持保全に対する配慮も大切である。

可燃性外装については、諸外国の火災事例のように、延焼の問題がある。外壁に窓などの開口部があると、火災が建物全体に回りかねない。開口部回りの処理など、意匠設計者として配慮すべきものは多々ある。もちろん材料に関する広い知識も必要である。写真などを見て、見栄えだけから簡単に採用するのは避けたい。洞察力が求められる。技術の進展に伴い、外からは可燃であるかはわからない素材も現れている。燃え上がってみて初めて、その中味に気がつくということもある。

外断熱についても注意が必要である。省エネルギーや躯体を保護することからも、導入例が増えている。残念ながら、性能の良い不燃の断熱材はなかなか見当たらない。バルコニーや庇などがあると、上階延焼は防げるが、これがヒートブリッジとなって断熱効果が薄れる。さらに通気層を設ける場合もある。夏などは、これがあると断熱効果は上がるが、火災の場合には、煙突効果で燃え拡がりを助長する場合がある。

さらに問題なのは、外側の素材がしっかりしていると、内部で燃えた場合に、外から消火できないということである。水をかけても、もともと防水性能をもっているために、内部にまで届かない。今のところ延焼防止の「ファイアーストップ」を随所に設けたり、窓回りから火が内部に侵入するのを防ぐディテールを考えるしかないようだが、まずは採用に慎重でありたい。また、技術開発の行方にも注意をおこたらず、災害事例に対して目をそむけないでほしい。

木造の弱点である火災について

最後に、もう一つ話題を提供したい。最近、日本の国産材を使うことが、地球環境上にも効果があり、国内の林業の低迷防止にも役立つということで注目されている。特に公共建築には、多く木材が内外装だけでなく、構造材にも使われてきている。この流れの中で、木材・木造の最大の弱点である「火災」のことを考えてみたい。

筆者は、実は「2×4(ツーバイフォー)」の日本導入時に、「タウンハウス」の計画に関係したことがある。この時に、被覆した木構造の火災に対する強さに感心した。二重にすると、隣戸に延焼しない壁ができるのである。もちろん、ある程度の時間、出火した住戸も耐えられる。これが木造でも火災に強いものができるという考えを得たきっかけであった。その後、躯体はある程度耐えて、避難の時間を稼ぎ、消火が可能なものとしての「準耐火」というものが普及したのはご存知の通りである。さらに大断面の集成材が、スポーツ施設などの火災の可能性の少ないものを中心に全国に展開し、また燃えしろ設計（表面は燃えても中は残る）の考えが、木材を露出させて人々に木のもつ暖かさを実感させるようになった。

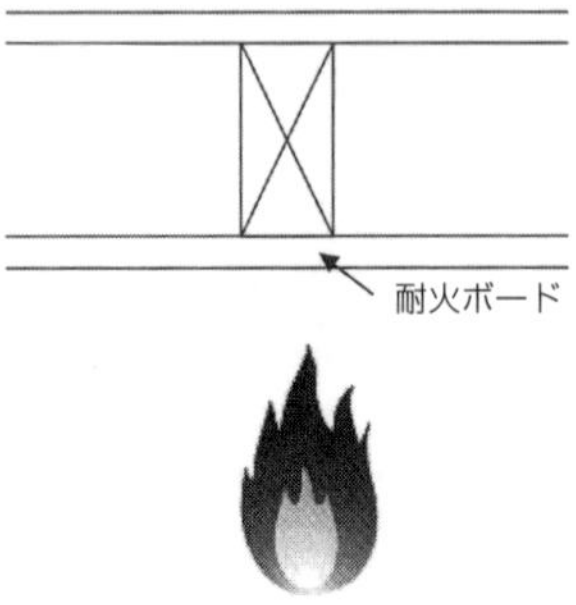

2×4のメンブレン防火の考え方

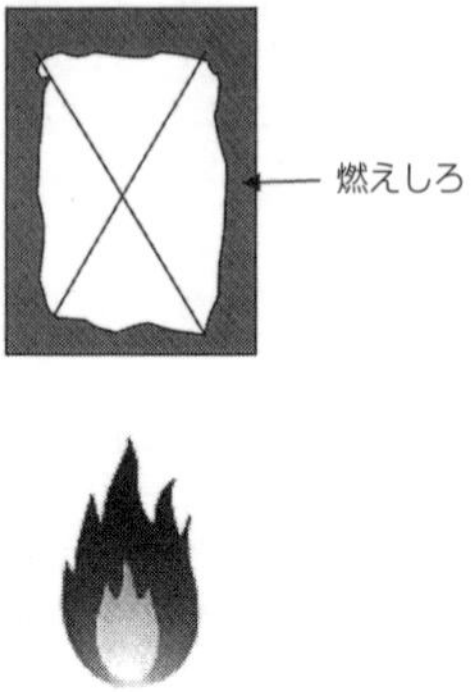

大断面集成材の防火の考え方

ところで、国産材の話であるが、2×4（ツーバイフォー）の導入時は外圧といわれたのとはまるで逆の話となった。アメリカやカナダの豊富な森林資源をプレカット（二インチ×四インチ）にして輸入し、工業化して組み上げるパネル構法とは異なる。防火に対する考え方も大きく違う。もちろん構法も異なる。

筆者は伝統的な構法での設計に関係したこともあるが、法的規制が結構あった。地域・地区の規制、用途の規制、階数の規制、面積規制、屋根の規制などである。もちろん消防設備などにも厳しいものがあった。これがそう簡単に変わるとは思えない。木造三階建の校舎の火災実験も見たが、2×4（ツーバイフォー）の三階建の共同住宅の実験の時とは大きく異なった。これはマスコミでも取り上げられたが、おそらく内装まで全て木材ということにはならないであろう。

意匠設計者には是非、これからを見守ってほしい。ただ風潮に流されるのでなく、物事の本質、安全第一を追求する姿勢をもってほしい。

ゼネコンのものづくり・昔と今

堀　俊夫（ほりとしお）
一九四九年生まれ。羽咋工業高校建築科卒業。（株）M・C・S・STEEL JAPAN代表取締役。元（株）竹中工務店にて海外経験が長く、ゼネコンの今昔を熱く語る。現在は海外鉄骨ファブの日本代表として活躍している。

1　序論（ゼネコンのものづくり四〇年、変化と背景）

日本の建設業界のものづくりには、昔からお抱えの棟梁が仕切ってきた歴史がある。神社仏閣に始まり、ごく最近の建物まで「一心同体」、「お家第一」をすべてとする古くからの考え方だ。お抱えの棟梁は、いつも心にかけてくれるお家やお施主のために、「匠の技術と伝統」を脈々と受け継いできた。

一方、戦後の日本の建設業界は、経済発展とともに急激に力をつけた。国内においては、事務所ビル・集合住宅・工場や研究所・銀行の本店や支店など、あらゆる近代的建築の建設を通して伝統的な日本建築の技と西欧の技術が融和していった時代であり、「ものづくり」に熱中した。技術者はほとんどが若手社員だった。また、列島改造論（一九七二年発表）への舵切り、折からのオイルショック（一九七九年）などとも重なり、資材不足、労働者不足などの繁忙期も経験した。一部のゼネコンでは、一九七六年にＴＱＣ活動をスタートし（一九七九年デミング賞）、品質経営を目指したのもこのころだ。

一九八二年、日本経済のバブル期に入ると、ゼネコン各社は右肩上がりの高度成長路線上の旺盛な需要に対応した、「質より量」を優先した。高速道路などのインフラも需要が増え、土木工法も大いに進歩したが、建築界においても超高層ビル・高層RC住宅・大型店舗・超クリーンルームなどのハイテク工場、そしてスタジアムやドーム球場などの新分野に広がり、国内にとどまらず海外進出もはかるなど、戦後最大の建設ブームが到来し、新構工法にも挑戦した時代であった。QCサークルやTQC活動が本格化したのもこのころである。また一九九〇年頃の一時期は、世界の建設業トップ10に、日本の建設業界の大手五社がすべてランクインしたこともあった。

しかし一九九二年以降は、建設業の冬の時代といわれた。日本のバブル経済の崩壊以降、日本の建設需要が急激に縮小した。デフレスパイラルによる物価の下落に影響され、建物単価も急激に下落し、建設業界の環境が一変した。失われた三〇年間に、企業の倒産やリストラの嵐が吹き荒れ、建設業界にあっても工事量確保のために、原価の圧縮が最優先される時代が到来したのだ。最後のしわ寄せは労務賃金の低下に現れた。多くの若者が業界を去り、熟練者が育たず、急激に高齢化が進んでしまった。

また二〇〇五年の構造計算書の偽造問題やマンションの施工ミスなどが重なり、エンドユーザーの目が一段と厳しくなり、大きな社会問題へと発展した。それらはイメージの低下にとどまらず、企業存続の問題へと発展した。「質より原価とコンプライアンス」の時代へと変わっていった。

さらに、二〇一一年三月一一日の東日本大震災と津波による福島第一原発事故は、日本社会に未曽

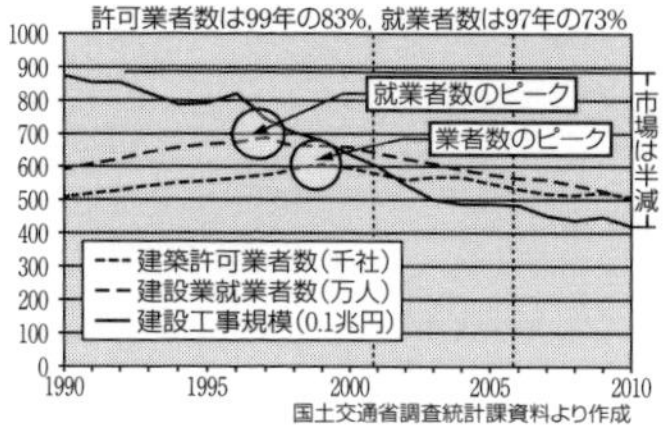

建設業者は減っていない

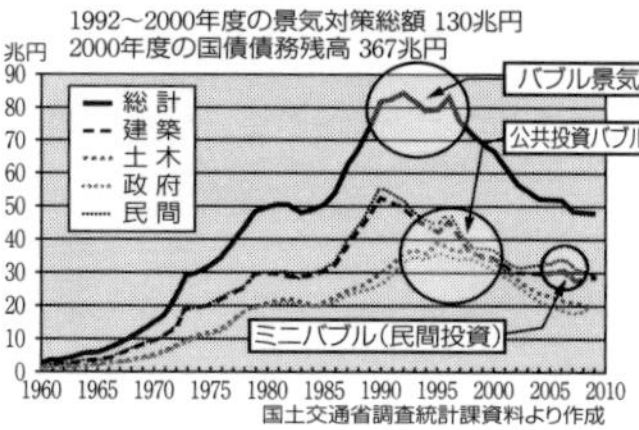

工事量の激減

有の被害と取り返しのできない放射能事故を起こしてしまった。そんな環境の変化の中で、再び「低原価の中での質」を求める時代になっていくと予想される。

以下ではゼネコンのものづくりの昔と今を振り返り、この先、どのように変化していくかを考えてみたい。

2　四〇年前のものづくり最先端（一九七四年頃）

画期的な工法を用いて取り組まれた都内の某高層ビルを例に、三〇代前半の現場技術者の一日を追ってみると、

七：〇〇　現場着、昨日の反省と本日の実施事項整理
七：三〇　関係者や下請さんに指示書の作成とＦＡＸ送信指示
八：〇〇　朝礼の準備、特に天気予報の確認と看板掲示
八：二〇　ラジオ体操、朝礼、ツールボックスミーティング
八：四〇　作業開始、今日は鉄骨建方、職人さんを指導し、段取りの説明、注意事項の説明、作業方法の説明、図面の説明、作業の確認など
一〇：〇〇　事務所に戻って、関係者への指示確認、打合せ

フロアーパネル工事

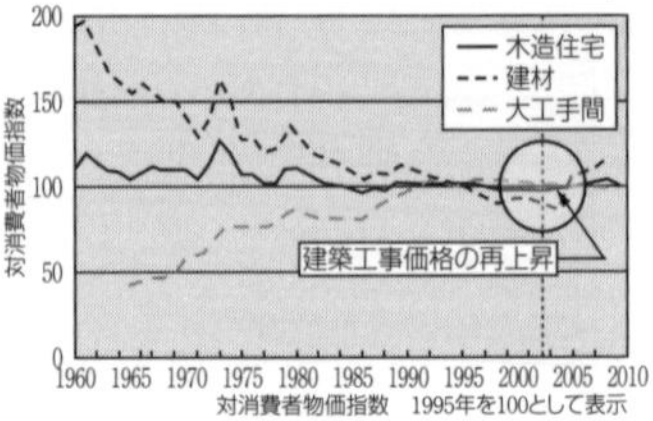

単価は変わっていない

一一：三〇　工事打合せ会出席、明日の作業会議、クレーンやトラックの手配
一二：〇〇　昼食と休憩、昼寝
一三：〇〇　ＡＬＣ工事の業者打合せ：工程、品質、手順、条件など打合せ
一五：〇〇　実行予算打合せ：担当工事の予算把握
一六：三〇　現場見回り：予定通りの作業が終わっているか、後片付けができているか確認
一八：〇〇　同僚と残業食：大好物のラーメンと待ち時間は漫画を一冊
一九：〇〇　屋上工作物の製作図チェック、構造図、意匠図とのすり合せ確認
二一：〇〇　帰宅、東京駅から座って大船まで一時間、ゆっくり眠る

四〇年前、一九七〇年代は、多くの若手技術者の役割は「ものづくり」そのものだったといっても過言ではない。ものづくりに欠かせない三種の神器といえば、工程表・施工図・製作要領書だ。もちろんその上のレベルにいくには、他に実行予算書と安全計画書がある。

当時の施工技術者は、ものづくりに直接関わってきただけに、ものづくりに対する熱意があり意気込みがあった。未知の分野における疑問点との遭遇は当然のことであり、そのためにできうるいろんな手段を使って、問題点やリスクを自ら調べ、最適な解決のための対策を考えて、施工要領書の作成を

竹中式複合化工法

鉄骨工事

進めた。内容的には、必ず上司や設計・監理者承認のプロセスを踏んで仕事を覚えていった。

施工要領が固まり、実行予算とのすり合せが終われば、詳細工程表の確定ができる。そうなれば準備工事に向けて、協力会社との打合せや資材の発注ができる。

専門工事業者や主要材料メーカーとの打合せは、仕事の成否にかかわるので特に大切である。予定していた施工機械がすでに手に入らないとか、もっと良い方法や材料が発見されるとか、自分の考えが独りよがりだったことに気付くとか、学ぶことがたくさんあるので、余裕をもって始める。

また建設現場では、並行して夜な夜な製図板とドラフターによる施工図作成が行われていた。施工図には、専門工事業者や主要材料メーカーとの打合せに基づく施工情報が、注意するポイントとして盛り込まれた。

一般的に設計図（意匠図・構造図・設備図）には齟齬がつきものである。特に設備図は、整合性が取れていない場合が多かった。発見された齟齬や不明確な部分を設計者に確認し、いわゆる納まりを導き出す仕事は、大変な労力が必要となる。しかし、その作業こそものづくりの一端なのである。当時の若手技術者は、手分けして一つ一つ疑問点を解決し、仕事をこなしていった。

大きな骨組である躯体から、順次細かな仕上げ部分に検討が入って、実施詳細設計が進んでいく。専門工事業者の選定とともに、細部が議論され、設計者の承認取得へと進む。

いわゆるもの決めは、現場にとって最も大切な仕事の一つである。タイムリーなもの決めにより、発注工程を守ることになり、専門工事業者の製作時間を確保することができる。途中サンプルやモックアップの確認、製品検査のステップを踏みながら、多くの下請が同時並行的にものづくりを進め、数カ月後には製品として順次現場に戻ってくる。寸分の狂いもなくピタリと納まると、ものづくりの醍醐味とロマンを実感できるのである。

段取り八分と現場の片付けは誰の仕事か

昔の所長や先輩の現場員教育は、現場内の掃除片付けから始まるといっても過言ではなかった。所長が現場巡回から戻ると、担当の若手現場員が一箇所に集められて、こっぴどく叱られるのだが、一番厳しく注意されるのは、資材の置き方と作業通路の確保である。

昔は型枠材料や耐久仮設材、石膏ボードなどの主要な材料は、現場員がすべてタイミングをみてまとめて購入し、現場内に保管したのである。したがって、資材は建物の方向に対し平行直角に置く、最初の教育が大切で、それができると次の職人も守るようになる。きちんとできている現場は、働きやすいので能率も上がるし、間違いも少ない。したがって昔の多くの工事現場には、その所長のモットーである「平行と直角」が看板で各所に掲示されていた。

この教えは、工事現場の仮囲いの作り方においても徹底され、仮囲いが曲がっていることは許されないこととして厳しく指導された。仮囲いは現場の顔としつけられ、朝のゲート前の清掃まで徹底的に若手技術者を教育したので、昔はそんな姿をよく見かけた。

工事現場がきちんと管理されていると、その現場に入っただけで、その現場の意気込みが職人さんに伝わるので、誰も現場を汚さないものだ。その背景には、計画担当者のきめ細かい工程管理、搬入計画、安全計画があってのことなのである。

それらは整然としたものづくりの工場にイメージできるように、トヨタの看板方式にもつながっていると考えられる。すなわち、第一線の現場作業は、最後の仕上げの場所、資材機材は必要なときに必要なだけ搬入し、働きに来た職人さんが最も働きやすい状態で取付け作業することが、良い段取りとなるわけである。「段取り八分」の所以はそこにあり、それは若手建築技術者の最初に覚える仕事でもある。すなわち、オーケストラの指揮者のごとく、トヨタの看板方式のように、自分の現場にタイムリーにモノと職人が着いて、喜んで働いてもらう。どの職人さんも、効率良く組立て作業が行われるように、工程計画・施工計画・品質管理・安全管理が行われる、それこそ段取り八分の醍醐味なのである。

それから三〇~四〇年が経過し、昨今の多くの建設現場もその伝統を守ろうとしている。以前より工場生産の割合が増えたことにより、現場での労務工数や搬入資材数が少ないので、どの進捗状況断面を切っても管理はやりやすくなっている。現場で働く職人さんたちの教育水準も高く、職能レベルも高い。それでも、管理の手を緩めると、滅茶苦茶な現場になってしまうので気を抜けない。

現場から消えた職人技と趣のある材料

四〇年間でほとんど消えてしまった職人技の中に、鳶職の技、左官・ペンキ工の技、石やタイル工の技などがある。例えば、昭和の鳶は、シノ一本とウインチがあれば、大きな重量物を難なく持ち上げ、移動し取付けができたが、いまやほとんどがクレーンなどの機械に頼っている。

また、鉄筋コンクリートの建物は、外部も内部も左官職によって下地が作られ、塗装の名人によって仕上げがされた。左官にいたってはモルタル塗り、石膏プラスター仕上げ、玉砂利入りモルタル仕上げ、和室であればじゅらく壁仕上げなど、日本古来の建築工法がビル物にも残っていたが、今やその名人の姿を現場に見ることができない。ほとんどが乾式工法、いわゆる見た目は同じであるが、その材料も作り方もまったく違う、インスタントな工法になっている。乾式の石膏ボードの上にビニールクロス張りに変わってしまった。ビニールクロスの品質が格段に良くなったこともあるが、昭和の仕上げ工法から平成の仕上げ工事のなかで、大きく変わった部分である。

昭和の建物の多くに使用された外装の小口タイルや二丁掛けタイルも、建設現場から消え去ろうとしている。取って替わったのは、45二丁モザイクタイルである。それも簡便な工法に変わってしまい、趣のあったタイル張りの建物が減ってしまった。予算的な問題が一番大きいが、タイルの剥離・剥落のリスクが背景にあると思われる。

外装の本石張りの仕上げもめっきり減った。代わりにガラス張りの建物が増えている。これも予算的な問題が大きく、一時期の流行も影響していると思われる。その結果、熟練の石工も現場から姿を消した。

現場のしきたりとは

建設現場は、多くの専門工事業者や下請さんが、同時並行的に働く場所である。昔から、職人さんたちのしきたりは変わっていない。初めてその現場で出会う職人さんたちも少なくない。お互いにプロとして尊重し合い、他職の分野には立ち入らない暗黙の了解があるのだ。

他職間の調整をするのは、現場マンの役割でもある。しかし、ゼネコンの仕切りだけではうまくいかない場合がある。そこで多くの現場では、きわめてユニークな「職長会（リーダー会）」組織ができ上がり、今ではゼネコンと職長会の両輪でスムーズな現場運営がなされている。

職長会活動とは

日本の大型工事では、元請による作業所運営のほかに、作業所ごとに結成される職長会（リーダー会）によって、作業所の細かなルールが決められ、職人さんたちの福利厚生と環境が保全されていくのである。元請によって選出された、契約的につながりのない多くの下請業者から派遣された職長の協議会であり、すでに三〇年以上の歴史があり、いまやこの職長会は欠かせない運営体となっている。

この職長会は、世界の他の国には見られない、ユニークな運営方法である。多くの工事現場では、職長会が「作業所の運営」に大きく関与している。職長会は、過去にはトラブルもあったようで、それらの問題を防止するために、「職長会要綱」なるものが定められるようになった。会長と役員が決められ、運営要領が承認され、活動を開始し、あわせて最小限の会費が徴収される。

最近では、どこの職場でも見かけるようになった職長会であるが、その目的を整理すると、次のようになる。
①各協力会社の協力体制の構築
多くの下請会社が、職人の専門性に応じて、一つの工事に協力しかかわるが、職長会を通して、無用な摩擦をなくし、相互の理解を深める。
②ゼネコンと協力し、作業所運営への一定の関与
職長会があることで、元請であるゼネコンも作業所運営が容易になり、潤滑油になる。元請と職長が一体となって初めて、大きな目標が達成できる。
③作業員の福利厚生、労働環境と安全確保
元請にとって、作業員の福利厚生を含む作業環境の整備はとても大切なことであり、職長会を通して予算などとのバランスを図っていく。
④生産性を上げて、各社および作業員の利益に寄与

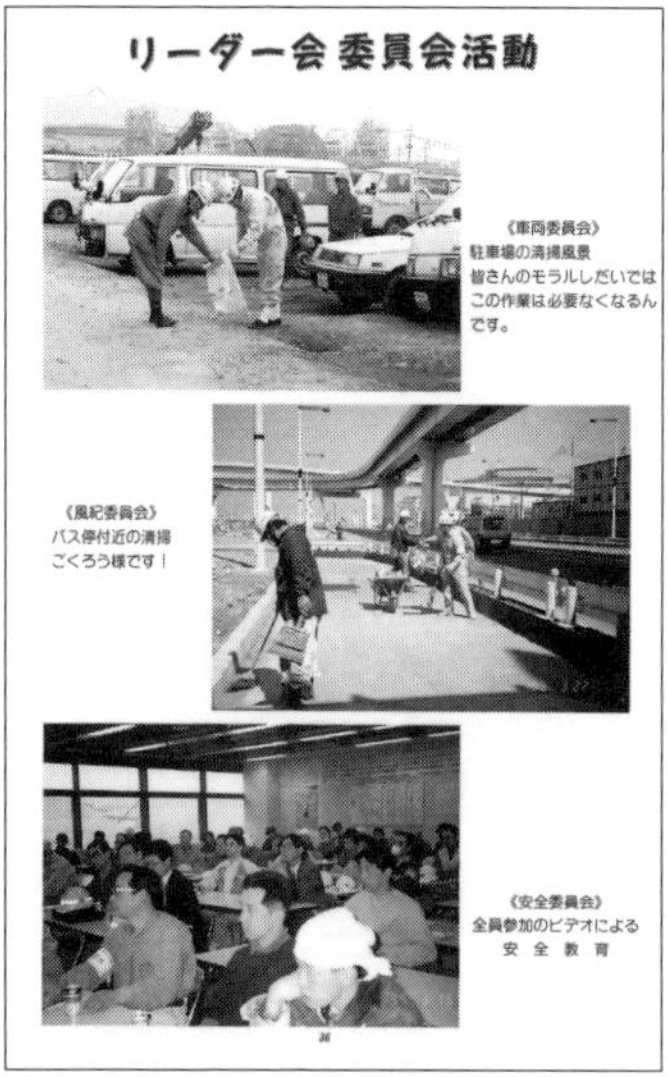

最終的に、元請も下請も工事が順調に進めば、生産性も上がり、作業員の収入にも直結する。その意味で、職長会があることでトラブルの予防になる。

3　現在のものづくり最先端

一品生産の建築の技術は、この四〇年間あまり変化も進歩もないのかもしれない。超高層ビルをイメージしても、外装も内装も構造体も設備の内容も、ほとんど似ている。外装がガラス系CWのユニットタイプに変わってきた程度かも知れない。もちろん、建築とその周辺技術の進歩とともに、工業化製品の採用拡大や、施工法自体がより乾式工法になっており、現場での作業は限定的でかつ標準化され効率化してきている。

そのような変化の中で、建設現場のものづくりは、どのように行われているのだろうか。建設現場では、受注・契約終了後まもなく技術者が集まってくるが、大方の場合、設計図書一式と本社からの予算書、工程表、専門工事業者配置予定表が準備されている。

現場では、現場所長を中心に施工計画が練られるが、まずは急ぐべき地業や杭関係の発注業務が進められる。最も急ぐべくは施工図の作成である。与えられた設計図は、確認申請許可が取得されているとはいえ、そのままでは施工には使用できない。すなわち細部のすり合せが終わっていない、設計の趣旨が理解できる程度で、図面としての完成度が低い場合が多い。

したがって、作業所では、設計図書の読み込みを行うとともに、疑問点については設計者への質疑と確認を行い、設計図の齟齬を調整した上での複合施工図の作成が優先される。ゼネコンの役割の中で最も期待されているものの一つが複合施工図の作成である。昨今ではこの複合施工図作成を現場の技術者が行っている場合がきわめて少なくなった。専門の会社が育ち、外部化が増えているのだ。この問題は、どこのゼネコンも大きな問題として捉えている。

しからば、現場技術者はどの業務に時間を割いているのか。専門工事業者への発注調達業務、工程管理、品質管理、安全管理、コンプライアンス管理などである。最近では、発注調達業務や品質管理などは、本社で行う会社も増えている。

別な切り口からみると、ゼネコンが昔のように現場に多くの技術者を配置できなくなり、専門工事業者の役割がその分大きくなっていると思われる。建築のものづくりが、ゼネコンから専門工事業者にシフトしているのだ。

第一線の現場はどう変わるべきか

今のように厳しい時代に、建設現場の運営には何が欠けているのだろうか。まずは、現場の任務と責任をきちんと把握しなければならない。できもしないことを期待されても、経費と時間ばかりがかかって、成功の可能性が低い。建設業に限らず成功しているビジネスの仕組みを見ると、現場の業務はかなりマニュアル化され簡単になっている。しかも、建設業の利益は、依然として現場の作業所長以下のスタッフのパフォーマンスに頼っている部分が多い。いかに現場の業務を簡素化するか。筆者の経験からは、次のようなことである。

・作業所の業務量と責任を減らすとともに明確にする。本社でできることは本社に吸い上げる。例えば、ビル物は未だに一品一品の手造りのプロセスを踏んでいて、各段階に人為的なミスや承認の適否の幅が伴い、工事関係者のリスクとなる。さらに経済や天候の問題もリスクとなっている。これらのリスクを最小限にするべく、施工の標準化、詳細設計の規格化を進めていく必要がある。

・調達、取り決め、契約業務は本社で行い、現場はものづくりに集中する。調達と契約は、現場で行っている場合もあるが、本社で一元化すべきである。どちらがいいのかはすでに結論が出ていると思われる。

・品質管理も本社が行う。現場はマニュアルに沿ってものづくりをする。正しい材料を使用し、正しい手順で施工し、正しく検査することで所定の品質の作り込みを行う。それ以上のことは、本社の監理部門が抜き取り検査をする。その仕組みを構築することだ。

・工期管理と安全管理は現場が行う。現場の役割で大切なことは、工期管理と安全管理である。事前の打合せと計画がきちんとできれば、工期も守れる。工期通り進まないと、安全管理にしわ寄せがいく。

・その他に、設計変更の合理的な仕組み、承認の仕組みを明確にすることで、専門工事業者が対応しやすくなる、などがある。

ここに、第二次大戦後に独立し、混とんとした建築生産社会から、英国や日本を参考に小国の利点を生かして目ざましい発展をとげているシンガポールの例がある。

日本の現状を打破する意味で学ぶべきことも多い。

東南アジアの優等生、シンガポールから学ぶべきことは何か

今から三〇年前の一九八三年頃、シンガポールの工事現場に赴任した私の目から見れば、この国はどこも熱帯の植物に覆われ、店頭に並んだ二つ切りのパパイアには真っ黒にハエが群がり、市場には料理される前の鶏が籠に入れられて運ばれていくような、まだまだ未開の国であり、アジア特有のにおいが鼻を突くような国であった。

当時日本は、霞が関ビルの建設から一三年目、各地で高層ビルが建てられており、近代的な建物や工法も普及していたので、設計的にも施工的にも、世界の最先端を自負していた頃であった。日本から来たわれわれの建築技術でものづくりを進めることで、この国への貢献もできると、日本流をもっ

て日常業務を進めていた時代だった。当時の日本流は、現場での裁量による部分が多かったので、あらゆる部分でゆとりがあった。仕事をしていく上でも、少々の失敗は許され、リカバリーができたのである。それは生活においても然りで、余裕があった。

それが、今や三〇年間で日本は経済成長がストップし、社会構造を大きく転換させる必要や、価値観まで変わってきている。余裕やゆとりまでなくなってしまった。一方、リー首相のもとで統治に成功し、国を挙げて近代化に取り組んで成功したシンガポールは、いまだに成長が鈍化していない。教育などの第五次産業、カジノ・リゾート開発、そして最近では新幹線の建設などと、次々に新政策を打ち出しており、三〇年間で人口も二五〇万人から六〇〇万人へと成長を続けている。この国から学ぶことがいかに多いかを痛切に感じるのは、私だけではないと思う。

建設分野における、そのいくつかを紹介したい。

・合理的な借り工場

現地の会社に外装の金属カーテンウォール工事を発注したが、なんとその会社は、日本のような工場を保有していなかった。素晴らしい発想のシステムと設計技術はあるが、工場のない会社だったのだ。日本では考えられないことだが、東南アジアでは珍しいことではない。外装パネルは工業製品を購入して借り工場を確保し、そこで組み立てるだけ、いわゆるアッセンブリング工場の考え方なのだ。工場の固定費がかからないため、競争力のある値段が出せるのでいい考えかもしれない。日本においても、昨今のビジネスに成功しているベンチャー企業は、固定費を掛けないで、徐々に成長した企業

東南アジアの現場風景

シンガポールで見た仮囲い

が多い。

・躯体と仕上げは別物

建物の寿命が長いことは財産価値に直結し、おのずとライフスパンに合わせて建物がリフォームされるので、躯体と仕上げは分離されて、ロングライフスパンに対応する設計へと変化すべきである。その点日本はまだ遅れている。仕上げと躯体を分けることで躯体の寿命が延びるだけ、ストックの価値が向上するのだ。

・品質は誰が作るものか

設計者の認識として、すべての建物や施設の要求品質をまとめるのは設計者の任務であり、そのためのドキュメント作成は設計者の仕事である。設計費にはあまり金を掛けない風習があるためか、日本の設計者は、まだまだゼネコンに頼っている部分が多い。一方、海外ではスペック（仕様書）が充実しており、設計者が施工の品質もすべて管理する習慣がある。いわゆる性悪説の文化が根づいており、職人（skilled worker）というより作業員（worker）のイメージだ。すなわち、技能をもっていない作業員で建築が作られる、その場合でも施工品質が保てるような設計図書、仕様書、承認の仕組みができ上がっている。

・承認のプロセスとシステム

設計変更と承認のプロセスが、建設業界にルールとして存在し、双方の公平性につながっている。すなわち契約社会においては、工期や請負金額だけでなく、承認の仕組みも双方が合意した上で、契約に盛り込まれる。工期を守るためには、承認の仕組みとスケジュールがきわめて大切になる。当然、双方の意見の相違や想定外の事態が発生するので、現場の設計担当者（architect）には、そのプロジェクトの仲裁者としての社会的な使命感と役割も存在する。

・ビルダブルスコアー（施工合理化評価制度）

優れた施工技術や高度な工業化工法が、公に評価される仕組みが法制度として採り入れられている。目的は国の建設技術の進歩であり、高い技能をもった人材の移民を奨励している。この原型は日本発のアイディアだ。また、工事の節目に所轄の検査官よる施工品質の採点も行われており、年度末に優秀プロジェクトは部門別に表彰される制度もある。高得点のゼネコンは、次の入札には有利になる加点がある。この仕組みは官民を問わず実施されており、発注者にとっては便利なゼネコンの評価になっており、すでに国の制度として根づいている。

以上、いくつかの参考とすべきことを紹介したが、もちろんシンガポールの建設産業は、日本の建設工事の品質の高さに注目して、日本をベンチマークし続けていることも事実である。

4　日本のゼネコンの未来（フロントローディング）

二〇〇〇年頃から、ウインドウズの普及により、建設現場も一人一台のパソコンの時代になった。設計図も施工図もすべてがパソコンで作成できるようになって、建築生産の仕組みも否応なくコンピュータ化の影響を強く受けるようになった。昨今では、図面はほぼ一〇〇パーセントがＣＡＤによって書かれており、関係する専門工事業者の間でもデータ交換できるようになった。

鉄骨製作ファブなどのものづくりを生業とする専門工事業者では、専用のＣＡＤソフトが開発され、自動作図・構造計算・立体図面までができるようになったのである。さらに、工作図と工作機械の連携もかなりできるようになっている。ヒューマンエラーの防止と効率化を目指して、特にプラント分野では３Ｄによるモデル作成が発達してきた。

あわせて建設現場での作図作業も、一気にコンピュータ時代に入った。躯体図をはじめ、仮設計画、石やタイルの仕上げ割付け専用ＣＡＤソフトなどが開発され、この業界も一気にＣＡＤが普及した。そのため、設計者・施工者・専門工事業者・職人さんなどの工事関係者全員が、作業所で製作する施工図を頼ることになり、なかでも着工初期に製作する「複合施工図」が最重要図面になった。

現場で作成された複合施工図は、次に鉄骨製作、外装材製作、内装工事、設備工事へと順次データが受け継がれていくようになり、一連のコンピュータによるものづくりが定着していった。

図面が早い段階でできあがり、その後の設計変更を管理できれば、現場でのものづくりは格段に進歩すると思われる。工期的にも、工事原価的にも大きな節約ができるのだ。

そんな中で、近い将来はフロントローディング、すなわち工事の着工前に、ほとんどの設計作業を終わらせる手法、設計完成度をきわめて高くする手法が開発されると期待される。一品生産の革新的な改革であり、ＢＩＭ時代の到来である。

プラットフォームの構築とネットワークの整備

大量の図面を本社と現場間だけでなく、国内にとどまらず、海外の工場にも送る時代が到来し、また違った問題が発生している。すなわち大量情報のスピード・履歴管理、そしてセキュリティーの問題である。A-conexの手法は、すでに数年前から西欧を主体に普及している。国際的なプロジェクトは開発や設計段階から、多くの国の関係者が同時並行的に作業を進め、入札も行われる。国際的な協業で作業を進めるために考え出されたプラットフォーム、それがA-conexである。

日本においても、それらに対応すべく、情報インフラの整備が急がれるところである。

建設激動期の体験を今に生かす

才賀清二郎（さいが せいじろう）
一九四〇年生まれ。中央大学文学部国文科中退。（株）才賀組 取締役会長、東京建設躯体工業協同組合 理事長、（社）日本建設躯体工事業団体連合会 会長、（社）全国建設専門工事業団体連合会 会長ほか。大手ゼネコン出入りの鳶工事業の代表として、専門工事業界で長年活躍し、最近では建設産業専門団体連合会の会長として専門工事業界を束ねている。

1 建設業の絆「義理人情」は現場で育つ

私が建設業に入職した動機

私の家は、父親が鳶職人で、鳶土工事業を営んでおりました。ところが、昭和三二年に父親が病に倒れ、仕事ができなくなってしまいました。その後、一時期は母親が後を継いで、しばらく仕事をしておりましたが、所詮素人の女性ですので、後を継ぐのは無理でした。

そこで、父親の兄弟やおじたちとで親族会議を開き、廃業するか継続するかをいろいろ議論いたしました結果、潰してもよい条件と、好きにやらしてくれるならということで、私が引き継ぐことにいたしました。

その時、私はまだ大学生だったので、学校を退学して後を継ぐ決心をいたしました。そして、昭和三六年八月に、（株）才賀組を設立し、代表取締役に就任いたしました。会社を設立いたしましたが、会社経営の経験もなく、まったくの素手、無からの始まりで大変苦労いたしました。

幸いにも、父の会社は戸田建設の下請として仕事をさせて頂いておりましたので、戸田建設と才賀組は親子関係として、厳しさはありましたが、信頼関係がとても深かったので、いろいろ面倒を見て頂けたので非常に助かりました。戸田建設もわが社を信頼してくれておりましたので、われわれも戸田建設のいうことは無理をしてでも仕事をやり抜いてまいりました。

私自身も昭和三六年から四六年の約一〇年間は、足袋を履いて現場の第一線に出て、元請の職員や躯体の職人たちと一緒に働きながら、いろいろと勉強をさせてもらいました。その時の教訓としては、鳶は常に二人で作業をするので、絶対に持っている物を離すなということです。

また、トライアングル（危険地帯）には絶対立ち入らない等々…貴重なことを教えて頂きました。

このようにして、危険地帯の箇所等を身体をもって覚えさせて頂きました。

才賀組を設立した時の建設環境

・元請・下請関係は良好

元請の社員は新入社員に、われわれ職人も先輩職人が新入りの職人たちに、実際に手を取り足を取りで、現場で工具や資機材の使い方や技術面のことまで、親切にＯＪＴ（on the job training）で教えてくれました。

そのお陰で、お互いに非常に良好なコミュニケーションが保たれておりました。それに、われわれ職人は現場の仮設宿舎で、同じ年齢の若者が一二〜一三人一緒に三六五日寝起きをともにする宿舎生活でしたので、気心もよく知り、兄弟のような関係で楽しい生活をしておりました。時にはケンカもしたり悪いこともいろいろやりましたが、よく警察に捕まらなかったものだと、今思うとぞっといたします。

私の父は大変おとなしい人で、口数も少ない人物でしたので、若い者だからしょうがないと勘弁してくれたのでしょうね。私は大変なきかん坊でしたので、ヤンチャもしましたが、父親に怒られた経験はありません。その代わり、仕事に対しては大変厳しい父親でした。

激動の時代は苦労の連続

・ヒトに関しては

私が現場に出ていたころは、常に面倒見の良いリーダー格の先輩職人がいて、若い職人を親切に指導してくれていたので、いつも現場は和気藹々で仕事を進めることができました。そのお陰で、前工程や後工程の他職の職人さんたちとの関係も良く、常に皆で協力して仕事の改善・改革に知恵を出し合い、体を張って仕事をしていました。

・モノに関して（仕事の内容・資機材・技術等）

その頃の現場は、まだ機械化がされておらず、ほとんどが人海戦術で、試行錯誤をしながら、能率をあげるために頭を使い知恵を出し合って段取りを考えて、良いものを作ろうと工夫をしながら仕事を進めてまいりました。

その後、昭和三九年頃からレッカー車が、昭和四〇年頃にポンプ車が配備されるようになって、簡単に生コンが現場で打てるようになってきました。それ以前は、現場で砂利をコンクリートに混ぜる作業を手練り作業でやっていましたので、多くの作業員と時間がかかっていました。機械化されてからは三分の一人分になり、人も時間も大幅に短縮されるようになりました。

・コンクリート打ちは現場の花形作業

建設現場での「コンクリート打ち」は、作業工程の中でも一番の花形作業で、現場に関わっている全職種の関係者が応援に駆け付けて、かけ声をかけながらコンクリートを打設していたので、現場はお祭りのような雰囲気で大変盛大なものでした。しかし、機械化になると、便利になった反面、誰がリーダーで誰が打っているのかわからなくなり、物足りなさが感じられたものです。

昔は、われわれ鳶・土工事業は建設現場に最初から最後まで、全部の職種を仕切っていたので存在感があり、他の職人たちは鳶・土工事業者を尊敬していてくれたので頑張ってこられました。

現在は、仕事の分業化が進み、猛虎の鳶・土工が猫のようにおとなしくなってしまいました。ですから、誰が現場で一番偉いのか、リーダーは誰なのかわかりずらくなって、非常に不透明になってきております。

・賃金の支払い方法は

才賀組では、昔から従業員や作業員への賃金は、毎月一〇日〆切の翌月五日の支払いになっております。平成四年頃は八〇兆円台の建設投資がありましたが、その後、建設投資が減少し、現在は四〇兆円台に減少し競争が激しくなって、元請のダンピング（過剰低額受注）によって請負額も単価も下がり、おのずと給料も工賃も下がり、負の循環になってしまいました。

昔は、請負業としてわれわれ専門工事業者は仕事をしてきましたので、自分が頑張って一〇平方メートルのところを一五平方メートルやれば、それだけ利益を出すことができたわけです。しかし、現在は請負業から人工出しの便利屋的な仕事になって、一カ月何人が何日現場に出たかの計算になってしまいました。

何といっても、建設現場の醍醐味は、何平方米何トンで請負後は段取り八割、自分の技量二割で勘案して仕事を進めることによって利益を出すことができたことです。このようにして、自分たちの努力で捻出した利益で、飲みニュケーションや職人さんたちの技能育成費に当てたりしておりました。その結果、仲間意識が強くなり、建設業特有の「義理人情」が深められたわけです。

しかし、現在の給与体系は一カ月いくらになっており、職人さんの技量や技能に比例しておらず、賃金は安定しているが、それ以上の給与は望めない体系となっており、労働意欲に欠ける面も見られます。

また、現在の職人さんたちは、住居もみんな違うし、お互いに会う時間も短時間で、年間三六五日のうちに一～二回しか会わない人もいます。これでは、他人同士のつき合いになってしまい、「義理人情」は生まれてこないし、おもしろくもないので、職人を辞めていく人が多くなってきております。

・良いところは残し、悪いところは改善する

現在の会社は、宿舎をもって共同生活をしているところが少なくなり、職人さんたちも直行直帰で、現場でしか顔を合わせる機会がなく、お互いのコミュニケーションが希薄になっており、技術・技能の伝承をするチャンスが減っております。お互いに周囲を温かく見守りつつ、適切に現場での指導や仕事の終了時に、一日の反省と情報交換等をして、コミュニケーションが取れるように工夫をしていかないと、良い職人や後継者が育たないことになってしまいます。

昔ながらの宿舎生活であれば、おのずと毎日三六五日顔を合わせて、同じ食事をするので、お互いの体調管理も十分にできるので、現場の危険に対するリスクを減少させることもできるわけです。

建設業の良きとするところ「日本人の心＝義理人情」は、いつの時代でも、どんな職種でも、継承していくべきであると思います。

・私が躯体工事業一筋に生きて感じること

私が会社を設立してまもなく、東京建設躯体工業協同組合と㈳日本建設躯体工事業団体連合会に入会させて頂いた時は二〇代で、周りは五〇代の業界を代表する錚々たる大先輩の方々で大変驚きました。しかし、大先輩の方々は大変気持ちの良い人たちで、そのうえ義理人情に厚く、逆に大変可愛いがられ、いろいろな場面で、若僧の私を育成・教育をして下さいました。

また、逆に一番の若僧のため小僧扱いされ、お茶の出し入れから使い走り等をよくさせられ、大変重宝に使われました。私も、何でもやらなければしょうがないと腹を決め、いつも一生懸命に頑張りました。そのため、会社に帰ってくると、気持ちを落ち着かせるために、よく若い社員と飲みにも行ったものです。

今になって思うと、あっという間の出来事ですが、私のノウハウは、この時期に大先輩からいろいろとお教え頂いた貴重な経験が現在生かされており、大変感謝いたしております。

・私の経験から若者へのメッセージ

建設業に入ってくるからには、「建設業のブルーカラー教育」を受けてほしいと思います。ホワイトカラーとブルーカラーの特性をよく理解して頂き、なぜ建設業は危険（キツイ・キタナイ・キケン）なのかを学んで、自己管理を徹底し、リスクを減少するようにして頂きたいと思います。

夏は暑く冬は寒く、また原野で危険作業も多いので、キチンとした教育を受けることでリスクアセスメントを徹底し、災害防止に必要な措置を講じるようにして頂きたいと思います。それによって、自分が職人として「匠の技」を習得する喜びをもっと知ってほしいと思います。

最近の若者の傾向として、次のような現象が起きています

・今の若者は、われわれの言うことを聞かなくなっている。

・その結果、ヒューマンエラーが発生する。

・労災扱いをしない。

・低い所からの事故が多発している。

・熱中症が多く発生するようになった。

・自分の生活の自己管理ができていない。

・入職後の新人社員教育の徹底を

最近は、外国人を雇うと安くなるといわれておりますが、諸々の経費を入れると高くなりますので、専門学校生を入れて会社がキチンと教育すれば、中途で外国人を雇うよりトータル的に安く済むし、会社の経営も成り立つことになります。私の関係する広島アカデミーや富士教育訓練センター等の出前講座を高校等でもっと利用して頂き、業種の特徴をよく理解し、建設業へ入職して頂きたいと思います。そして、将来は職人の誉れである登録基幹技能者の資格を修得して頂きたいと思います。

現在の若者は、個人の生活が中心になっており、団体生活の経験に乏しく、コミュニケーション能力に欠けていると思います。例えば、専門工事業者の各社に入社してから広島アカデミーに入学して頂ければ、各社の新入社員が一緒に生活をともにいたします。そして、ともに現場教育を受けますが、卒業後はいろいろな職場や現場で出会った時に、「何期卒業」「今の現場はどう」等と縦横の繋がりが生まれ、鳶・土工・大工・左官等のあいだでも仲間意識が出て、仕事上でもコミュニケーションが取れ、現場が活性化され、仕事も丁寧になり、工期も短縮されて利益に貢献することになります。

・専門工事業はもっと広報活動が必要

一般の人だけでなく、技能労働者を送り出す工業系の高校の先生の中にも、専門工事業が土木・躯体・仕上げ・設備等の職種が、約三〇業種近くに細分化されていることを知らないケースもあります。そのため、(社)建設産業専門団体連合会では、ホームページ上に地域で活躍している職人さん(専門工事業）をわかりやすく説明する「職人ミュージアム」を立ち上げております。

また、この中には専門工事業の社会的な役割を理解してもらうために、具体的な事例も掲載しております。事例では、災害・教育・地域・建物等のキーワードごとに、企業や団体の取り組みをわかりやすく掲載しており、インターネット上からのアクセス数も順調に伸びておりますので、皆様も是非ともご利用下さい。

2　今後の専門工事業のあるべき姿

専門工事業者の生き残り戦略

・社会保険加入対策の波紋

平成二三年六月に国土交通省から「建設産業の再生と発展のための方策二〇一一」で提起された、社会保険未加入企業の排除問題が各所で話題となり、国土交通省・元請企業・下請企業・建設労働者等に波紋の輪が広がっております。

そもそも社会保険加入は、国民の義務であるにもかかわらず建設産業では、下請企業を中心に諸般の事情により、雇用・健康・厚生年金保険等の法定福利費を負担しない保険未加入企業が存在しております。この状態では、建設労働者の医療・年金など、いざという時に公的保険が確保されず、若手入職者の減少につながっているのが現状であります。

このような背景から、この波紋を関係団体をはじめ各位が一層努力して、もっと大きな波紋にして目的の完遂を目指さなければならないと考えております。その対策として、法定福利費の問題を適正化するために、現場での曖昧な労働形態の改善をして、建設労働者が適正に評価され、保険に加入できる報酬を受け取れる環境の整備が不可欠であると考えております。

・元請はダンピング競争の是正を

われわれ専門工事業者の最大の願望は、元請にダンピング（適度な安値受注競争）を辞めてもらうことで、社会保険加入問題を早期に解決するところにあります。保険未加入問題の取り組みが完遂せず失敗して、元請がダンピングを続行し、法定福利費が確保できなければ、われわれの専門工事業者は終焉を迎えることになりかねません。

このように厳しい状況を抱えており、行政・発注者・ゼネコン・専門工事業・建設労働者等が一体となって一層団結を強め、固い決意をもって取り組んでいかなければならないと考えております。この状態は、大きな危機でもあり「諸刃の剣」ですが、前進あるのみと考えております。

・社会保険料の別枠支給を要求

建設業で働く全ての人が、社会保険加入を目指して、発注者・元請・下請・建設労働者等が一団となって取り組んでおります。

現在は、積算見積の中に、経費の欄と保険料の欄がありません。例えば、コンクリート打設の項目には、打設・鉄筋・掃除等が入っていて、トータルの額になっております。本来ならば、経費・保険料等が入っていなければならないのですが、全て込みでトンいくら、平米（平方メートル）いくらになっております。

従来の建設業環境であれば、この額で保険料を支払えましたが、今はダンピングがひどくなり、指値が厳しくになるにつれ、節約をするところがなくなり、会社の経費も落とさざるを得なくなりました。積算見積の時に細かく常用精算して、一人いくら、保険料いくら、経費いくらで、合計で平米いくらという積算をしていればいいのですが、従来のように平米いくらの積算をしていると、すべて込みの金額が削られたら、その部分は弱いわれわれ専門工事業者にしわ寄せがきます。この社会保険の掛け金を確保するために、工事施工費と分けて、別枠で保険掛け金を請求する方法をお願い致しております。

そのためには、まず元請のダンピング（超安値受注）および指値発注等を防止して頂き、保険掛け金を捻出して、全員の加入を促進致したいと考えております。その結果として、建設就労者約四〇万人をはじめ、その家族が安心・安全な生活が保証されることになります。

・元請と専門工事業の取引改善対策

これまでは、元請と専門工事業者間の問題は、双方の問題とされてきましたので、発注者も労働者も入っていけませんでした。しかし、現在は建設業界全体を含めて、全ての面で建設業の構造が変わってまいりました。

国土交通省等も従来は、建設業というと元請が対象でしたが、今は専門工事業者がいなければ建設業は成り立たないとの認識に変わってまいりました。したがって、社会保険加入問題を含めて、経費が確実に支払われるような仕組みを構築していかなければならないと考えております。そして、国土交通省も元請も統一した見識をもって、施工体制台帳を厳重にチェックし、適・不適を判定することが大切であると思います。

発注者・元請・専門工事業者・建設労働者それぞれが、どこに対しても「No」と言える産業に育っていかないと、建設業界の将来展望はないと思います。

・優秀な専門工事業者が破滅するダンピング

建設投資の減少により、元請は価格競争だけに特化して、すでに一〇数年来続いております。今後もこのような状態が続いていけば、専門工事業者にしわ寄せがくるのは当然です。

現在、元請はほとんど直庸はしていないので、元請がダンピング受注をして施工を全て下請に任せている状態では、元請は痛くもかゆくもありません。もともとは直庸で直接施工をしていたものを、主任技術者・管理技術者のみで身軽になっております。しかも現場には、ほとんどタッチしなくなり、われわれ専門工事業者に任せており、経費のかからない状態にしております。

現場をほとんど知らない営業関係者が契約したものを、現場に赤字を出すなと所長にハッパを掛けて諸経費を大幅に削り、最後はわれわれの労務費まで削って安く請け負わせるので、専門工事業者の経営体質がだんだん弱体化してきております。ですから、教育費や福利厚生費が捻出されず、若い人の募集もできない状態になっております。

このような重要な問題が解決されないまま、国土交通省から「建設産業の再生と発展のための方策二〇一一・二〇一二」が発表されましたが、その前に「平成七年建設産業政策二〇〇七」があり、再編淘汰は不可避というところまで踏み込んでいながら、その対策がほとんどされないままになっております。

政策大綱では、日本を背負って立つ建設業者として約一〇〇社の専門工事業者等が選ばれましたが、今ではその企業の一割も残っておりません。職人を抱えている企業ほど経費がかかります。そのため見積を出すと高くなり、仕事を受注できにくくなるという悪循環が生じております。

地方の技術・技能・経営に優れた企業が生き残れる環境を作ろうと指導してきたはずですが、安値受注を繰り返し、最後には廃業しなければならない状況になってしまいます。

・専門工事業者の災害対応と役割

平成二三年三月一一日の東日本大震災を境として、日本国内に大きな変化が出始めております。自然災害から国民の生命と生活を守ることが、国の最重要課題として位置づけられるようになりました。

専門工事業者は、地震・台風・集中豪雨・土砂崩落などの自然災害の対応に、最前線で全力を挙げて人命救助活動に当たらなければなりません。強調したいのは、建設現場でも災害対応でも、常に先端で専門工事業者は仕事をしているのですが、非常に残念なことは、誰も居ない最前線での活動であるがために、マスコミや住民の中で、あまり話題にならないことです。

例えば、東日本大震災の時にも、自分の家族や家も崩壊されたにもかかわらず、先頭に立って献身的に「道路啓開・くしの歯作戦」を展開して、救急車や消防車をはじめ、パトカーや自衛隊車・建設工事車が被災地に早く到着できるようにして、多くの人命を救ったのも専門工事業者の力といっても過言ではないと思います。

また、今回の東日本大震災で国土交通省東北地方整備局の徳山日出男氏が、災害の最前線に立ち復旧前の道路啓開では地元建設業の方が大きな貢献をしてくれたことを評価し、強くクローズアップしていただいたことは、大変有り難いことだと思います。

(社)建設産業専門団体連合会と災害対応の関係でいえば、元請団体が行政と締結している災害協定については、元請団体だけでなく、建専連の団体や地場の企業等でも締結しているケースが数多くあります。われわれ専門工事業者が災害時の最前線で活躍していることを、もっともっとＰＲしていかなければならないと考えております。

・今後の災害対策に必要なこと

災害時には、専門工事業者と元請がもっと連携すればよいと思っております。具体的には、仮に災害が起きた場合、元請は現場近くにある支店や営業所が対応します。その時、元請の支店よりもっと近くに元請と密接な関係にある専門工事業者の事業所があれば、より短時間での現場対応も可能になります。そのためにも、災害時の元・下請間での情報共有の枠組みがあってもよいと思います。

今回の大震災から得た教訓は、「想定外のことは起きる」ということと、その想定外の事象に対して「備えること」であると考えられます。今後、われわれ専門工事業者も防災・減災のプロ集団になっていかなければならないと考えております。

登録基幹技能者の育成と今後の対応

・登録基幹技能者制度の確立

基幹技能者制度は、平成八年に専門工事業団体による民間資格としてスタートしましたが、平成二〇年一月に建設業法施行規則が改正され、新たに「登録基幹技能者制度」として位置づけられることになりました。

同年四月以降に国土交通大臣が登録した機関が実施する登録基幹技能者講習の修了者は、登録基幹技能者として認められ、経営事項審査においても評価の対象となりました。

・登録基幹技能者とは

建設工事で生産性の向上を図り、品質・コスト・安全面で質の高い施工を確保するためには、現場で直接生産活動に従事する技能労働者で、とりわけその中核をなす職長等の果たす役割が重要です。

登録基幹技能者は「熟達した作業能力と豊富な知識をもつとともに、現場をまとめ効率的に作業を進めるためのマネジメント能力に優れた技能者」で、専門工事業団体の資格認定を受けた者です。

・登録基幹技能者の役割

登録基幹技能者の役割は、おおむね次の業務を内容とし、建設現場における直接の生産活動において中核的な役割を担っています。

・現場の状況に応じた施工方法等の提案・調整等

・現場の作業を効率的に行うための技能者の適切な配置・作業方法・作業手順等の構成

・生産グループ内の技能者に対する施工に係る指示・指導
・前工程・後工程に配慮した他の職長との連絡・調整

・登録基幹技能者の地位向上を

登録基幹技能者の輩出・確保と適材な施工能力を評価する体制の確立こそ、建設産業の発展・再生の一翼といえます。また、登録基幹技能者制度の活用については、公共事業において総合評価方式等に取り組まれたり、またゼネコン各社が特に優秀と認めた職長に対する奨励制度を始めており、この中で登録基幹技能者を資格要件とする会社も出てきているなど、認知度・必要性が高まっております。これに伴ってきちんとした年収が得られるシステムを確立していかなければならないと考えております。このような体制が確立されれば、若者の入職も増えるものと期待しております。

・登録基幹技能者の認定を統一させる

基幹技能者を認定して手当を出しているゼネコンは、約一〇数社あります。出されるお金は直接、本人に支払うという仕組みです。われわれが困っているのは、作業員から「基幹技能者（職長）は五〇〇〇円もらって、なぜ私は一銭ももらえないのか」という話が出てくることで、各専門工事業者がサブ作業員にも手当をつけるよう努力をしています。

また、Aゼネコンでは職長手当がもらえて、Bゼネコンではもらえないとすれば、Aゼネコンにしか行きたがらないでしょう。大半がそれぞれ登録基幹技能者の取り組みを始め、発注者もそれぞれ対応をしてきています。そして今、資格者が全職種で三万五九五一名（平成二四年一一月三〇日現在）

となり、職種別にどれだけ認定されているかも把握しております。

今後もどんどん登録基幹技能者が増えていくように努力を続けてまいりたいと考えております。そして、賃金の安さを改善するには、元請がダンピング（安値発注）をやめるしかないので、その体制をいかに改善してもらうかに力を注いでおります。若い人を入職させ、興味をもたせることを考えていく上でも、賃金を上げないと人は集まらないはずです。

今までは、ゼネコンと専門工事業者は、もう何十年も一緒だから、「おい」「お前」で用は足りていましたが、しかし今後は、その都度、契約を全部しないと仕事は進みません。そのためには、責任施工・自主管理・安全管理や現場の打合せ等がしっかりできる登録基幹技能者を育てる必要があります。その他、もっともっと若者が集まる魅力を作ってあげなければならないと考えております。

自分らしく生きた半世紀余を今、正直に振り返る

北浦年一（きたうら としかず）
一九三六年生まれ。兵庫県立高砂高等学校卒業。（一般社団法人）大阪府建団連 会長、建設産業専門団体近畿地区連合会 会長、近畿建設躯体工業協同組合 名誉理事長、（株）北梅組 相談役。とび一筋に生き、職人にとって良き時代も苦難の時代も経験する。経営者としては事業内職業訓練所を設け、多能工育成にもチャレンジして、最後の名義人と称される。

日本が本格的な高度成長を迎えようとしていた昭和三〇年代。下請業者の体質は依然、幡随院長兵衛や国定忠治の世界だった。兄弟舎弟でつながる人間関係、仕事は丼勘定。若い職人は宵越しの金は持たない荒れた生活。一方で親方は脅して仕事をぶん取り、「職人を引き抜いた」「抜かれた」といっては同業者と揉める。挙句の果ては飯場を潰し合う抗争。そんな毎日。収入は今よりはるかに恵まれていたとはいえ、下請業者はしょせん、切った張ったの世界だった。

そんな中で親方の使命とは、ならず者たちをまとめ上げ、工事を円滑に進めること。つまり、元請に累を及ぼさない「防波堤」。それが、いわゆる名義人の値打ちでもあった。

ただ、さすがにこれでは、「息子に土建屋を継がせよう」なんて誰も思わない。一代限りの稼業人であり、ましてや腕の良い職人を長期的に育てることもできない。そうした中で、昭和三八年、北浦年之助（元北浦組社長）は下請の大同団結を促し、社団法人大阪府建団連を立ち上げ、組織をまとめ

ることにより、親方同士の無益な抗争を断ち切った。と同時に、行政との窓口をつくり、下請、そして職人の地位向上を目指す。大胆にも稼業人から近代的な企業へと脱皮を図ったのである。

「母親が産まれた赤ん坊を抱きながら、〝お前も将来は、鳶になれよ、土工になれよ〟と言えるような業界をつくらねばならない。そのためには組織が必要。兄弟分と呼び合う時代は終わった」——

半世紀も前、年之助は親方連中にこう呼びかけ、以降、同業者間の血なまぐさい抗争はガクッと減った。振り返れば、これが専門工事業界の分岐点になった。

これでようやく下請の親方も「堂々と息子に継がせる商売」になれ、二代、三代続いて今の社長たちが存在する。年之助はじめ業界の先人たちは、本当に凄いことを決断し、やってのけたものだ。

ところで高度成長の時代、多くの親方は自ら、直庸の職人を抱えていた。私の会社（鳶土工の北梅組）でも、事務所兼自宅の裏に飯場を構え、五～六〇人の職人たちと一緒に暮らしていた。腕の良い若い衆ばかりで、元請からの信頼も厚い。元請の現場に、工期遅れや事故などのトラブルが起こった時には「直営隊よこせ」と、昼夜問わず応援にかり出されていた。

だから元請も、職人を持つ親方を大切に育てた。仕事や金銭面での支援はもちろんのこと、昭和三七年頃に私が偽装請負で引っかかり警察沙汰になった際には、元請の支店次長と購買部長が警察署長にかけあい、「この会社がなくなったら、ウチの仕事ができませんねや」。そうまで言ってかばってくれた。この時代、元請と下請はまぎれもなく「親子関係」であり、「一心同体　元請の防波堤　これを名義人といった」だったと思う。

むろん、下請の親方も子方を必死に守った。例えば、職人たちの仕事が途切れないよう、兄弟分の同業者間で調整して割り当てる。つまり、職人の貸し借りである。この場合、一切ピンハネはしなかった。またこの頃、私の会社の職人の多くは、炭鉱の閉山によって失業し、福岡や山口の炭鉱町から大阪に流れ着いた元坑夫。ほかには地元の権太たち。保護司から更生のため預った連中だ。入れ墨や小指がないなんて当たり前で、皆、腕っ節がめっぽう強く、気性も荒い。根は真面目だが、毎晩のように酔っ払っては騒動を起こす。おまけに、飯場で夕食を終えた職人が「おい、金貸してくれ」。赤ら顔で事務所に乗り込んでくる。夜遊びの金が欲しいからだ。これも日常茶飯事。おちおち家で休んでもいられず、正直、手を焼いた。それでも、先代の嫁（私の実姉）は職人たちに母親のようにいつも優しく接し、同様に大世話役も夫婦で飯場に住み込むなど、親身になって若い衆の面倒をみていた…。これらのやんちゃな人間を普通の人の道へと育てるのも、親方の仕事であった。

「職人の年収三百万円。これをせめて五百万円にしてあげたい」——

私は平成一二年五月に大阪府建団連会長に就任し、それ以来、こう言い続けている。だが残念ながら、年収五百万円どころか三百万円さえ厳しい。実際、職長クラスであっても、親子四人で生活することもままならない。しかも、労働環境も劣悪で、相変わらず死亡事故も多い。その上、社会保険にさえ加入できない職人がほとんどである。若者は将来に希望がもてず、五〇歳以上の職人が四割を越え、高齢化が進む。建設技能の伝承はまさに危機に直面しているといえよう。

年之助の執念によって産声をあげた大阪府建団連は今年、設立五〇周年の節目を迎える。折しも、建設産業戦略会議の提言を受け、国土交通省において、社会保険未加入企業排除の取り組みが動き出している。私は大阪府建団連において、この間ずっと社会保険加入を含めた職人の処遇改善の必要性を訴えてきたが、やっと職人に光が当たり始めたと感じている。それゆえにこそ、親方連中は改めて結束を強め、困難を乗り越え、前に進まねばならない。


今まで表の話を書いてきたが、ここからは、この道五五年、歩んできた私の生きざまをありのまま書かせてもらいたい。なかには、そんな話は書かなくてよいと躊躇する内容もあるが、これからの人たちに少しでも北浦年一の思いが伝わるのを願ってのことである。

私は播州の高砂で九人兄弟の八番目に生まれ、戦後の食糧難、食べるものにも事欠く少年時代を過ごした。やんちゃな少年時代を経て、高校時代は野球に明け暮れた青春だった。だが一八歳で高校を卒業すると、大学の推薦に受かりながら、神戸の友人たちと三宮の湊川神社のあたりで闇市を回り、パチンコに興じたりと、毎日ぶらぶら遊ぶチンピラまがいの生活を続けては、田舎の母親に心配ばかりかけていた。

そんな私に転機が訪れたのは、一番上の姉が嫁いだ旦那、今の先代親父との出会いだった。「このままおいておいたら、ろくなもんにならん、大阪に来い」と、有無を言わせず連れていかれ、それから一〇年間、血の滲むような修行をさせられることとなった。

事務所裏には、昔でいう飯場があり、そこに五〜六〇人の若い衆がいた。むろん、大世話やきが彼らを夫婦で守りし、寝食を共にしていた。現場の第一線にいた私は、朝五時には若い衆を叩き起こし、現場で一緒に汗水流して働き、帰ったら帰ったで帳簿付けを手伝い、休みは毎月一日と十五日の二回きり、朝は早くから夜遅くまで働きづめだった。

仕事を始めて二、三年は何度も逃げ出したいと思った。田舎へ帰ろう、帰ろうと何度思ったか。この一番きつかった時期が過ぎ、五年たつと仕事もわかりだし、慣れとともに少しは面白くなり始め、この道でいくしかないかと思うようになった。

親父は自分勝手で、黒でも白でとおす人だった。私は「人が五年かかるところは二年、十年かかるところは五年でやれ」「生きていくには、このくらいの辛抱する男でなければならない」と厳しく仕込まれ、その時はこんな危険な仕事、一生するものではない、また帰ろうという思いになったほどだ。昔の人の言う「石の上にも三年、辛抱する木に花が咲く」という言葉を思い出しながら暮らしたことを思い出す。

この一〇年間は地下鉄や建築のラッシュ、睡眠時間は一日四時間ほどの二四時間仕事が続いた。この一〇年間にいろいろな経験、体験ができ、一番成長した、私の人生で最も有意義であった時期だと、今になって思う。鉄は熱いうちに打てという言葉が身にしみる思いだ。

そしてちょうど二七歳の時、私の一番上の姉がガンに侵されていることがわかった。病院へ一緒に行った親父とふたり、姉の余命は三カ月だと宣告された。母親代わりとなり、私を一生懸命育ててくれた大好きな姉だっただけに、言葉では表現しがたいほどのショックだった。私はこの時、今まで自分勝手に生きてきた親父に怒りを感じ、姉が亡くなったら田舎に帰ろうと決心した。

だがその時、親父が担当医に向かって「先生、命を助けてくれとは言わんが、女房には苦労ばかりかけた。この世に一日だけでも長くおいてやってほしい」、「私の全財産、失うても構わないから」と訴えた。今まで一度も見たことのない親父の姿を見ると、私の心は揺らいだ。病床の姉に「年一、がんばってや」と言われると、涙が止まらなくなった。姉の一言で、私は田舎に帰るのを思いとどまることができた。

昭和四一年、育ててもらった親父と養子縁組し、同時に北梅組の社長に就任した。秋には結婚して女房を持つ身になった。

社長就任については、継がせようとする親父と拒む私とで、やる、やらんのやり合いを半年余り続けた。最後は「お前が継がんなら明日からノレンを下ろせ」とまで言う親父の強引で身体を張った説得に、説き伏せられたのは私が三〇歳のときだった。

大阪駅前の富国生命ビルの大工事があり、東京オリンピック、大阪万博、東大寺の昭和の大修理、関西空港と、高度成長期が続いた。

大阪駅前富国生命ビルの現場では、二四時間の昼夜の仕事が五年あまり続き、そのとき今でいう偽装請負で摘発された。偽装請負の問題は五〇年後の今でも同じことが行われており、一考に改善されていない。懲役六カ月、執行猶予三年の宣告は非常にショックで、今振り返るとそのことが、職人の処遇改善に取り組むひとつのきっかけになったように思う。

大阪万博では、「人類の進歩と調和」というテーマで、何百というパビリオンが建設された。自動車電話やパソコン、原子力、いろいろなものが世に出るきっかけになった。私も一五、六のパビリオンに参加したが、一番印象に残っているのは、オーストラリア館の竣工レセプションに、元請や設計事務所に声がかからない中、現場に直接携わった職人の代表として招待されたことだった。直接仕事する職人を大事にする国だなと思い、感激した。非常に国の考え方の違いを感じた。

国宝東大寺の昭和の大修理に参加したときには、館長であった清水公照住職の講和をよく聞かせてもらった。なかでも「明治は昭和に驚き、昭和は明治に驚く」（先人たちが草葉の陰から今の職人の仕事ぶりを見て、今の若い者は凄い機械を使いこなしているなと技術の進歩に感心し、また、昭和に生まれたわれわれは一二〇〇年前に釘一本なしにこんなに大きなものどうやって建てたのかと驚く、という意）。お互い感心し、お互いを称えながら、次の世代に繋いでいくのが、今いるお前らの仕事やぞ」と、ことあるたびに仰っていたことを鮮明に覚えている。

当時、私の下で参加したのが鳶職の小堀清八郎で、現代の名工、黄綬褒章など職人では最高の賞を頂いた、ほんものの職人だった。触れてはいけないものもあり、神経を使う五年余りの工事で彼の体重は五キロ減り、体をむしばんでいったことを思い出す。

平成に入ると、関西国際空港の工事が始まった。当時も職人不足に悩まされながら、国、大阪府、空港会社、元請とわれわれ建団連とが一体となって、この一兆円のプロジェクトに挑んだ。われわれ建団連からは、私が代表で参画し、漁連や地元との調整、宿舎の確保にと、大変苦労したことを憶えている。特に、海の上にできる空港とあって、漁連とのかかわりが避けて通れず、常に神経を張りつめていた。

そんな難工事の中、空港会社の社長の件で東京地検の捜査が入り、私もその参画の一人として取り調べを受けることとなった。東京地検の権力と圧力は、想像を絶するほど凄まじかった。あの時は「地検を処罰する人間はおらんのか」と思ったほど、それは厳しい取り調べだった。それを境に私は平成七年に病に伏し、一年間、療養を強いられ、さらにその一年後には、胃がんの摘出手術をした。誰もが現場に帰ってこないと思った中、私は一カ月で退院し、会社・業界に復帰した。自分でもよほど悪運が強いと思ったものだ。

関空が開港し、平成九年、本格的にバブルがはじけると、建設業の冬の時代が訪れた。仕事量が減り、単価が下がり、建設業からは毎年のように人が減っていく。昔は「人」中心だった建設業が、「物」中心に変わったのはこれからだったと思う。人がいて、物があった時代が懐かしい。物が中心、人が物の陰に隠れてしまっては、職人の知恵や経験が見えなくなる。彼らの貴重な意見が受け入れられなくなり始め、結果、辞めていった職人も多くいる。人に対して投資していく姿勢をとらなければ、現在の職人問題は解決しないだろう。

建設業界の談合決別と同時に、過当競争によるダンピングが始まり、下に下にとしわ寄せがきて、職人減少の要因の一つとなった。

われわれ専門工事業者は、今こそ本気になって決断しなければならない。「今のままでは職人がいなくなる」といわれて五〇年、昔と少しも変わっていない。公共工事も骨太の政策が出た。これが最後のチャンスととらえ、努力していかなければならない。

ただ、現状を冷静に見た場合、今後、新規の建設需要が増大することはあまり期待できない。むしろ建設需要としては、昭和五〇年代位から頻繁に建設されたマンションや道路、橋梁等の老朽化によるリフォーム・リニューアル、生活関連事業のほうへと進むだろう。

これらに対応するために、専門工事業者としては、従来の鳶、土工、鉄筋、型枠、塗装といった単一の職種区分にとらわれず、特殊工（多能工）などの育成に努めることが、生き残る道になるのではないか。

時代とともに変わっていく仕事場の環境の中でわれわれにできることは、職人を育てること、そしていい仕事をすることしかない。その原点は昔の元請、下請、職人がいい仕事をするために一丸となったそのことにある。専門工事業者は職人をもった業者になり、また、発注者も職人をもった業者に発注するようにすれば、日本の伝統である相互信頼に基づく請負制度が復活する。今は我慢のしどころである。必ずや素晴らしい仕組みがよみがえり、さらに前進していけるように努力したいと思う。

〈私の信条〉

①世の中は狭い道でも広く歩け（広い道でも狭く歩いている者がいる）。
②地位や権力で人を押さえるな。下におって上を制するような男になれ。
③喧嘩に身体を張るな。ノレンに身体を張れ。

この信条を忘れず、これからもやんちゃな若者を社会に通用する人間になるよう、育てていきたい。

日本を創る力でありたい

向井敏雄（むかいとしお）
一九四四年生まれ。成城大学経済学部経営学科卒業。向井建設（株）代表取締役会長。創業以来、躯体専門工事業一筋に、一〇五年の社歴を有するリーディングカンパニーとして、鳶土工事・土木工事において技術提案型施工を遂行し、ハードとソフトのパワーを発揮する総合躯体工事業を目指している。現場力・管理力を充実させて企業価値を高めることを常に腐心し、業界の代表として、専門工事業全体の地位向上に向けて努力する理論家である。

人の運命は計り知れないというが、学生時代、将来は貿易商になるという夢をもっていた私が、建設業の道に進み、四五年以上、躯体工事一筋に歩んできたことを振り返ると、本当に天命であったかと思う。

「運命は、志あるものを導き、志なきものをひきずってゆく」（セネカ）という格言がある。専門工事業のあるべき姿を希求して高い志を貫き、さまざまなことにチャレンジしつつ道を切り拓いてきた自分の足跡が、若い人たちの役に立つかどうかわからないが、改めて振り返ってみたいと思う。

身体と精神を鍛えた学生時代

明治四一年、祖父が創業した株式会社向井組は、鳶土工事を専業とし、私が大学生の頃は、売上高二一億円、当時でも最大手の範疇に入っていたと思う。三歳上の兄は建築学科を出て、向井組の業務部次長として、現場全体を管理していた。

自分は次男坊の自由さから、将来、貿易の仕事に就きたいと考えて、大学は経済を専攻した。大学四年間は、勉学の傍らというか、アメリカンフットボールに熱中して身体を鍛える毎日を送っていた。四年生になるとバイスキャプテンとして頑張り、どちらかというと弱小チームだったのを、厳しい練習を重ねて二部リーグから一部リーグへの昇格を果たしたことは、いまだに誇りに思っている。粘り強く目標を達成するまで懸命に努力すること、チーム力の大切さをこの時期に会得したことは、自分自身の原点である。

二代目である父は、身の丈一八〇センチ近くあり、威風堂々、巨漢といえるほどの体格で、朝早くから現場に出て施工を指導しており、母は良きパートナーとして毎日会社に出勤し、経理から人員、機械工事の手配など、経営の一切を取り仕切っていた。

右肩上がりの経済成長を遂げていた日本は、公共・民間とも、建築・土木工事が活況を呈していた時期であった。当時、向井組が手がけていたのは、建築では皇居宮殿造営、東京医科歯科大学病院、日経新聞、土木では東名高速道路や地下鉄東西線工事など、経営は順調に推移していた。ところが、私が四年生になる直前の二月、兄が現場での事故に遭い殉職したため、後継者として、卒業後、向井組に入ることになった。

社会に出る前に非常に有意義な体験となったのは、大学二年の夏に大学が企画した一カ月に及ぶ世界一周研修旅行に参加したことである。エジプトからヨーロッパを巡り、アメリカの各都市を見学した。古代文明から西欧の歴史と文化、アメリカの躍動などに触れ、建設事情、都市計画をつぶさに見聞した。日本を世界的視野で判断できたことは、若い感性に大きな影響を受けたし、後に海外とかかわる事業展開にも役に立っている。

家業から企業へ、経営の近代化に取り組む

向井組は明治四一年、大阪布施において、祖父が鳶土工事請負業を興し、大正一三年関東大震災後、東京に拠点を移し、得意先を開拓しながら早稲田大学大隈講堂や学士会館、軍関係の工事など、大型工事を請け負う業容を備えていった。

ところが太平洋戦争が終結する頃には、従業員は戦争に徴用され、事務所も空襲により焼失、終戦後には新円封鎖により、蓄積した財産のほとんどを失った。しかしながら、向井組には躯体工事で培った信用という貴重な財産が残されていた。両親は昭和二六年、株式会社向井組を設立し、大型機械をいち早く導入、多くの大型建築・土木工事を遂行する業容を備えた機動力のある会社に発展させ、日本経済復興の一翼を担っていた。

入社してから、経理、総務など各課の業務を経験しながら夜学に通い、建築の専門知識の習得に励んだ。現業部門に移って現場の施工管理に当たり、営業・工程管理・積算などの業務をこなすうちに、将来を見据えた経営の近代化の必要性を実感した。

まず昭和四三年、日本橋新川にあった事務所を、皇居を臨み大手町に隣接する神田錦町の八階建の

自社所有ビルに移転し、社員たちのモチベーションを高めた。専門工事業で自社ビルを保有する会社は少なかった時代である。次に「向井建設株式会社」に社名変更し、近代的な躯体工事業へ転換していくという、企業の方向性を内外に示した。

自分自身、狭い殻に閉じ込もっていてはならないと、青年会議所に昭和四七年入会した。日本青年会議所での活動や、日本全国の異業種経営者との交流を通じ、建設業と他産業の違いに目を開かせられた。この青年会議所での経験は、いわば「成人学校」として自分の成長が実感できた。同じ年代の経営者たちと日本経済について勉強し、経営書など読みあさるなど、日々研鑽に努めた。

昭和五〇年、三一歳という若さであったが、代表取締役副社長に就任し、経営の根幹であるタイムリーな経営指数を把握するべく月次決算制度を取り入れた。「電算機」と呼ばれるコンピュータをゼネコンが使いだした頃、専門工事業としては巨額な投資であり、冒険でもあったが、「電算機導入」に昭和五二年に踏み切った。ユーザー向けの使いやすい機器が開発されておらず、現在のように適切なソフトはまったくなかった。SEやPGRを育成し、システム開発を自前で行うなど、手探りの運用で苦労した。社員たちも慣れない仕事にアレルギー気味であったが、これからはコンピュータを駆使しなければ経営が成り立たないと、信念をもって着々と業務処理を電算化していった。

情報管理の迅速化を図り、それ以降も改善を加え、個別原価管理のもと、問題点の早期発見、課題解決に努め、業務の効率化を図るため一元管理のシステム構築を図ってきた。現在では、社員一人に一台のパソコンを配布して、向井グループネットワーク東京本社、東北支店、各営業所、関連会社、現場を結び、社内の情報や現場の状況をパソコンから把握できる仕組みになっている。

若いうちから、常に将来を見据え、背伸びし過ぎといわれようと、先取りの行動を取ることを信条としており、目標に向かって粘り強く努力するのは、今に至るまで一貫した姿勢である。

人材の育成を最重要戦略に据える

「企業は人なり」といわれるが、有機的な作業の多い建設業にとって、優秀な人材の確保育成は最重要戦略である。祖父徳次郎、父市太郎は「誠心誠意」を旨とし、お得意先の要請に応える施工をまっとうすることをポリシーとしてきた。昔、クレーンがなかった時代、揚重作業・杭工事を受け持つ鳶土工は、建設工事の中核をなす職種であった。才覚と働きによって収入が多かったために、「金とろか」といって学歴はなくとも優秀な職人が集まり、当社もそうした職人たちの働きにより多くの元請の信用を頂き、時代を代表する工事を完遂してきた。昭和三〇年代に入社した社員たちは、厳しい労働環境をものともせず、職人たちと一緒に昼夜を分かたず働き、向井建設の声価を高めてくれ、会社の中核、経営幹部へと育っていった。

昭和五〇年前後から、若い人たちがサービス業や他の製造業など多彩な就職分野を選択する時代になると、野外労働の建設業は、きつい、きたない、危険な3K職種として、新卒の募集に苦労するようになった。それと反比例するように、超高層ビル建設や大型土木工事の技術革新が進み、サブコンの技術・技能力、施工管理力が、企業評価で大きなウエイトを占めるようになった。

優秀な人材の確保・育成は企業経営の根幹として、昭和五三年から高卒・大卒の社員の定期採用に踏み切った。採用活動と並行して、まず雇用環境の向上に取り組み、職業訓練校の開設など研修制度の充実、将来設計ができる昇格規定や持ち家利子補給など、社内制度の充実に取り組んだ。特に力を入れたのは、平成四年に竣工した九階建一二〇室の個室独身寮竣工まで、一社宅一二寮と住環境を整備したことである。

これら全ては、若い人たちに将来を託せる企業として選択してもらい、社員としての能力をスキルアップして、やり甲斐のある建設人としてまっとうする環境を作るために行ってきた。

昭和六二、三年頃、超高層ビル建設が活況を呈しはじめ、「鳶の向井」の名を辱めない選抜された鳶集団の育成が図られた。大型の躯体工事には、緻密な工程管理が要求され、生産性、品質を確保して施工に応えられる現場社員と技能社員の育成は、常に向井建設の重要戦略である。現在は現場の要としての職長の能力向上、登録基幹技能者の育成に力を注いでいる。

専門工事業界の構造改革を目指す活動

サブコンの経営者を超えて、業界全体を俯瞰し、専門工事業の近代化、地位向上、技能労働者の雇用改善に目を向けるようになったのは、昭和五四年に(財)建設業振興基金の専門工事業経営指導委員会委員に委嘱されてからである。翌年父が亡くなり、三六歳という若さで社長に就任してから、父が会長をしていた元請協力会の会長職に就任することになった。他の役員は父親といってもよい年齢の人ばかり、協力会の封建体質、親睦中心の活動に、業界改革の必要性を強く感じた。元請のパートナーとして、実力あるサブコン集団として存在価値を高めていこうという、私の提案を理解してもらうのには時間を要したが、研修会の開催、生産性向上などの建築・土木分科会活動、職長会組織結成と、元請の協力も頂いて、会員各社とともに次々と実効性のある活動を展開してきた。

建設業界は他産業に比較して、工業生産化が遅れ、技能労働者の高齢化も予測され、若い人材を確保し、活躍できる企業基盤の整備が求められていた時代であったが、元請、下請という構造は厳然として変わらない。

二度のオイルショック後、「建設業冬の時代」といわれるほど建設業経営は厳しく、ダンピング受注を余儀なくされて、自己革新は容易ではなかった。この時期に、建設省は建設産業の将来像を模索して建設産業ビジョン研究会を設置し、健全な産業として方向性を示すべく本腰を入れ始めた。

昭和五八年、産業組織小委員会委員として、行政の方や有識者、ゼネコンの方々と真剣に討議した結果が、昭和六一年「二一世紀への建設産業ビジョン」に結実した。これは建設産業が、次の世紀にも維持発展していく方向性を定めた重要な指針となっており、平成に入ってからは、第一次、第二次構造改善プログラム策定にも関わった。

平成一一年専門工事業イノベーション戦略研究会、平成一三年基幹技能者の評価・活用など検討委員会、平成一五年建設生産システム合理化推進協議会基本政策専門委員会などでの活動は、徐々にではあるが業界変化につながっていることは印象深い。委員として政策立案に関与してきたことが、行政指導として業界改革が進められていくので、やり甲斐がある。

現在は、(一社)日本機械土工協会、建設産業専門団体関東地区連合会など業界団体のリーダーとして、日本全国の建設業者の意見を吸い上げ、国土交通省や関東地方整備局などに政策提言を行い、課題解決に働きかけている。

長年の活動を通して多くを学び、広い視野をもつこともできたし、そこでの発言に責任をもって、「有言実行」という姿勢で自社のイノベーションを進めている。何をやるにしても壁はある。壁にぶつかるからこそ、人はがんばれるのである。常に現状に甘んじないで、先見性をもって将来を予測し、自ら高い目標を設定して、そこに到達するよう努力すること、これが私の信条であり、会社の社員・従業員、協力会社の人にも求めている。

ケネディ大統領の弟、アメリカの元司法長官ロバート・ケネディは「私は不可能な夢を見る。そして言う、〝やってみよう!〟と……」の言葉を残している。人間は夢をもたねば、生きている甲斐がない。夢を叶えるにはどうすればよいか、この方策を考えるのが実に楽しい。自社ばかりでなく業界改革という大きな夢をもち、これからも生涯を通して挑戦していくつもりである。

東日本大震災の復旧・復興に活躍した建設業・建設人たち

日本経済が、「失われた二〇年」と評すべき長期低迷期にあえいでいる間に、国家財政は破綻し、経済・産業界もかつての成長力が鈍っていった。建設業界は公共投資の縮小、民間投資の激減により、深刻な構造不況がもたらされ、中堅ゼネコンの統合、サブコンの経営悪化など、魅力ある産業基盤が揺らぐことになった。若年層の入職も減り、高齢化が進行し、次代を担う優秀な人材の枯渇が懸念される事態になっていたのである。

そこに、平成二三年三月一一日M九・〇の東日本大震災が勃発した。巨大津波は自然豊かな美しい東北地方沿岸部を襲い、各地の道路や鉄道などの交通機関、電気・通信・ガス・水道といった社会インフラを麻痺・切断させただけでなく、多くの街や二万人におよぶ尊い命を奪い去った。そして炉心溶融を起こし爆発を繰り返す福島原子力発電所から、大量の放射能物質が飛散し、一一万人余りの住民が屋内待避や避難を強いられるという、史上最悪の災害となった。

こうした日本の国難に敢然と立ち上がったのは建設業であり、「ものづくり」の本能から、もてる能力を最大限に発揮し、復旧復興に懸命に取り組んだのである。

当社も震災当日、余震収まらない中、東京本社・東北支店（仙台）で災害対策本部を立ち上げ連携して、多くの緊急復旧作業に当たった。九階建の支店ビルでは、電気・ガス・水道、エレベーター全て使用不能になったが、すぐさま非常電源を立ち上げ、被害情報収集に努めた。「一件たりとも断らないで対応する。」というトップ方針を貫き、次々と入る復旧要請に応えていった。

平成七年に起きた阪神淡路大震災以降、一六年の間に、向井建設では高速道路や官庁、小学校などの耐震工事を請け負うなど、震災への備えを実感していた。建設業としての職責から、企業を存続させて復旧復興に当たるのは自分たちだという自覚の下、大規模災害対応のための災害対策基本マニュアルを策定し、各部門の災害時の行動指針、安否確認システム、災害復旧の支援システムなどを構築した。当社独自の震災訓練、ならびに得意先と共同の震災訓練を繰り返し実施しながら、万一の時に万全を期する体制をとってきた経験が活かされたのである。

震災直後から想像を絶する苦難や危険な状況下、経営幹部・従業員たちは不屈の建設魂と勇気、連帯意識をもって、必死に倒壊の危険のある構造物の解体や復旧作業、原発事故対応にと、最大限の力を発揮してくれた。自分たちの住居が被災し、家族が避難所におり、食べるものさえ満足に取れない環境にありながら、毎日黙々と復旧作業に取り組む従業員の姿に、建設業の社会的責任という原点を改めて感じ取った。

東北沿岸部被害は甚大であったが、被災が比較的軽微であった青森、秋田、山形から作業員を手配し、食料や災害対応の機械や資材を調達し、本社からも、水・食料・ガソリン、日用品、自転車まで五回も東北へ応援物資を運び、人員も派遣して東北支店が十二分な対応ができるよう支援した。

東京本社でも、北関東エリアで工場などの被害が随分あったが、全ての要請に対応することができた。こうしたパワーを発揮する原動力は、長年培った相互信頼、絆であった。危険を伴ういかなる困難な仕事でも、指示を受けて現場に行くことを拒む社員、職人、協力会社の作業員はいなかった。今回の震災は国家の危機であり、建設会社として、建設人として見過ごせない事態だった。

われわれは震災後、改めて建設業の実行力を痛感し、技術技能・経験を駆使してなし遂げた自分たちの働きに、大きな誇りを感じている。

震災から二年が経過し、住民の皆さんに、一日でも早く元通りの生活を取り戻してあげたいという熱い思いを胸に、全建設業者が、各地で津波による膨大な瓦礫処理、放射能除染、ライフラインの復興、構造物建設にと、日々懸命に取り組んでいる。

若者に伝えたい、建設業の素晴らしさを

今、建設産業の抱える大きな課題は、建設従事者の育成である。東日本大震災の本格的な復興事業が行われていない現在でも、鉄筋・型枠工など深刻な職人不足が進行し、円滑な施工が妨げられ、工期の遅延に苦しむ事態となっている。今後、国家プロジェクトとして本格的な復興活動を進めていくには、優秀な鳶・土工、型枠、鉄筋技能者、設備・仕上工事など、さまざまな職種の人材の育成を急がねばならない。

一〇年も前にまとめられた「専門工事業イノベーション戦略」の四つの骨子の一つに、「人材の確保・育成」が挙げられ、少子・高齢社会における労働人口の減少などに伴い、技能労働力の逼迫が生じ、円滑な技術・技能の継承が困難になる可能性。人材の育成には多大な時間・費用を要する、優れた技能者などを抱える下請業者に対する社会的・制度的な評価が十分でない、技術・技能の継承の方法、徒弟制度など課題が挙げられていた。

その解決策として、

①企業経営における戦略的人材育成の推進

・人材の確保・育成に関しては、長期的な経営方針に基づき、一つのマネジメントとして戦略的に取り組んでいくことが必要
・各企業による組織的・体系的な人材育成マネジメントのあり方などについての検討が必要
②基幹技能者や単能複合工の確保・育成・活用
・基幹技能者や単能複合工に対する企業経営上の位置付けや処遇のあり方、社会的な評価体制のあり方などを検討する必要
③技術・技能のデータベース化や必要に応じたマニュアル化など
・優れた技術・技能の円滑な継承を図るため、技術・技能を解析した上で得られた情報のデータベース化、マニュアル化などが必要
④教育機関との連携、マスメディアを通じたPRなどによる優秀な人材の確保
・インターンシップ事業の積極的推進や、マスメディアを通じたPRなどの推進
⑤技能労働者の効率的な就労手配、情報提供など
・建設労働者に係る適正な情報提供システムのあり方などについて検討
⑥新規分野における人材の育成と効果的な教育・訓練の充実など
・リフォームなど新規分野に対応できる技能労働者の育成
・業種横断的拠点的教育・訓練施設である富士教育訓練センターなどの一層の活用や、優れた技能・技術を有する建設マスターなどの十分な活用

⑦情報技術を活用しうる人材の育成

・情報技術を有効に活用しうる人材の育成

など、企業努力が列挙されている。

しかしながら、平成四年度過去最高の建設投資額が八四兆円、二〇年が経過し平成二四年度四二兆円と半分の水準まで落ち込んでいるが、建設労働者数は六一九万人から昨年は四七〇万人、二四パーセントしか減少していないように見えるが、高齢化率は圧倒的に高くなっている。公共・民間投資により、限られたパイを奪い合う厳しい価格競争が展開され、建設業者の体力はそがれ、雇用環境が悪化して、技能労働者の高齢化、若年層の建設離れが進行したのである。基幹産業としての建設業の将来展望を考えるとき、業界の構造改善を果たし、技術・技能を伝承する若い人材が、この産業を力強く担うように転換していかねばならない。

優秀な技術・技能者を育てるには、最低でも一〇年という歳月を要する。有為な若者が伸びられる企業環境、適切な指導、チームワークの中でさまざまな経験を積み、勘所を飲み込んで、臨機応変に段取りをし、安全・品質・効率など、任された仕事を期待通りにこなせる能力を有する人材を業界挙げて育成することが求められる。

向井建設では、そうした人材を育成するのに、昭和五三年から始めて三五年の歳月の中で、多くの人材を育ててきた。そのために大きな投資を継続してきたし、社員各々に合わせた適材適所の配置、成長への配慮、努力やモチベーションをどのように維持していくか、豊かな生活設計を立て満足して建設人人生を歩んでもらえるか、時代時代に合わせてシフトするなど戦略的に行っている。

社員はそれぞれ「向井建設」を代表しており、彼らの評価は会社の評価となる。持ち場立場の責任感と自覚から、社員・職長たちは大きな成長を遂げ、三〇階建のマンション工事の職長会の会長を務める鳶社員は、五〇〇人のメンバーを束ねるリーダーシップを備えている。入社四年目の大卒社員は、請負額六億円という大型工事、北海道新幹線の高架橋工事の代理人として立派に仕事をこなしている。彼らは無から有を作り出す面白さ、日々の積み重ねが形になって残る誇らしさで、野外労働の厳しさ、工期厳守など、苦しい仕事を耐えて責任をまっとうしている。現場が人を育ててくれるのである。

多くの若者が、この素晴らしい建設業を選んでくれることを願っている。決して楽な仕事ではないが、人生をまっとうするやり甲斐がある。古来から人類が建設という槌音を高く響かせて、歴史に残る建造物を造り続けてきたように、後に続く建設人たちが、現場の花形として未来への架け橋を造って欲しい。

その胸に「日本を創る力でありたい」という強いビジョンをもって…

建築生産の温故知新——ものつくりの世界に思いをはせて

堤　和敏（つつみ　かずとし）
一九四八年生まれ。早稲田大学大学院建設工学専攻修了（工学修士）。大和ハウス工業（株）海外事業部　東京分室　担当部長。ゼネコンで長く海外勤務した後、不動産業に転職。学生時代からのテーマ「工事管理技術のあり方」を自問自答しながら中国の制度規範等を自ら翻訳した。

はじめに

四五年前、建築設計という華やかなイメージにあこがれて建築学科に入学したが、多くの才能豊かな学友に出会い、建築施工の分野に進むことにした。ここでは、建築生産の近代化を目指し、テイラーの科学的管理法などの生産管理技術を学んだ。

そのころの建設業は、あらくれ者の集まりみたいな泥臭いイメージが強く、生産管理技術の導入などはあまり考えられていなかった。しかし、産業界そのものの進展とともに、建設業界でも、生産現場における機械化、省力化が進められ、その後、ＴＱＣ（総合的品質管理）等の品質管理をはじめとした生産管理技術の導入が行われ、建築生産におけるものつくりの体系が形成されてきた。

この日本における建築生産のものつくりの体系は、国際的にも高く評価され、多くの日本の建設会社が海外に進出している。しかしながら、これら建築生産におけるものつくりの体系が十分に活かされているかとなると、若干の疑問も沸いてくる。
今回、「建築生産の温故知新―ものつくりの世界に思いをはせて」というテーマで、中国での不動産開発事業における建設工事に絡む問題や出来事を紹介しながら、若い人たちにとって参考となるような課題提起ができればと思っている。

若い工事監理者の不満

私は現在、中国で四件の不動産開発事業に関わっているが、いずれも敷地面積八万平方メートル以上、住戸数四〇〇戸～一〇〇〇戸以上というかなり大規模な住宅建設事業である。工事施工にあっては、地元建設会社へ請負発注しており、日本から派遣されてきた技術者は、開発者としての工事監理を行っている。ここでの若い工事監理者の不満は、ともかく業者が「言うことを聞いてくれない」という管理業務内容以前の問題である。

例えば、工事現場に行き、鉄筋工事での配筋検査をしても、かぶりが十分に確保されていなかったり、配筋が乱れたりしているので是正指示をしても、わかったと口では言いながら、実際には、手直しもしないままコンクリート打ちを行ったりする。若い工事監理者は、請負業者の責任者を呼び出し、厳しく抗議を行い、時にはあえて相手を罵倒するような言葉を浴びせたりして、何とか良い品質での工事を行いたいと努力するが、なかなか是正されず、結局「業者が言うことを聞かない。中国の業者は、この程度の品質管理しかできない。」と諦めと思えるような達観論をもってしまっている。

中国の品質基準は、最高の国際基準で作られている

建設工事に限らず、中国では、全てについて基準が定められている。しかも、基準の内容そのものは、世界各国の基準を参照にし、すべて一番厳しい基準値を採用していると理解してもよい。

したがって、鉄筋のかぶり厚さについても、コンクリート構造設計規範（GB50010-2002、表9.2.1）で、床、壁については、一五ミリメートル（仕上げあり）、二〇ミリメートル（仕上げなし）と規定されおり、またその検査方法についても、コンクリート構造施工品質検収基準（GB50204-2002）にて、床、壁筋については許容誤差±三ミリメートルとなっている。具体的な基準値の是非について言及するつもりはないが、ともかく中国にはしっかりとした品質基準が定められているということである。

しかし、いくら基準は厳しく規定されていても、それがどのようにしたら守られるかを考えることが肝要であり、そのためには、この国の品質管理の仕組みを理解することが、この国におけるものつくりの基本となる。

品質管理を行うのは監理会社である

中国では、建設工事における品質管理を行うのは国であり、国はこれを監理会社に移管している。開発者（発注者）は建設工事を行う場合、必ず監理会社を採用しなければならないことになっている。

次頁の工事体制図を見てわかるように、監理会社は、国の質量検査局の指導下に入っており、発注

・工事監理及び工事管理を誰が行うのかが明確となっている。

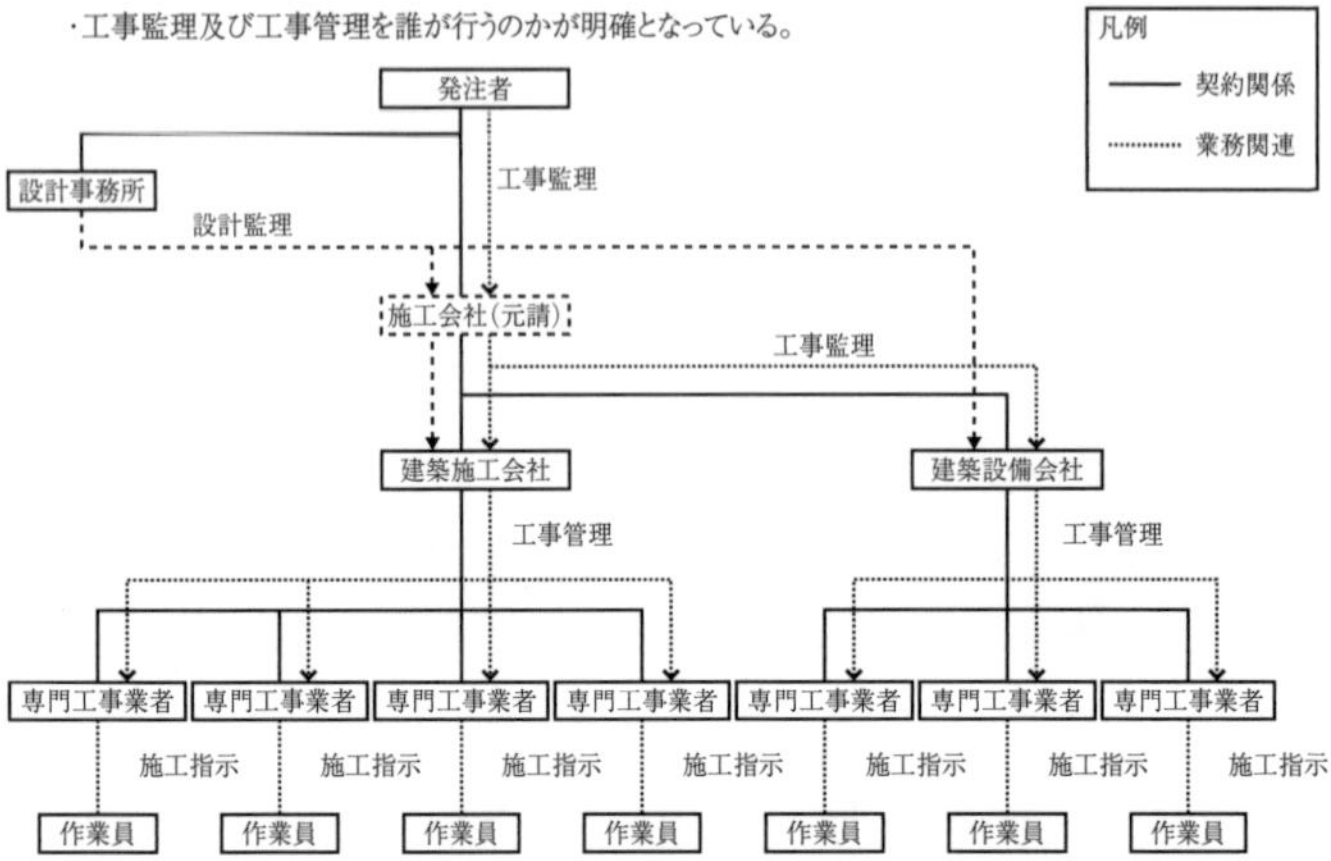

日中の工事体制比較（日本での工事体制）

をした開発者のために品質管理を行うというよりも、国の品質管理規範に基づき、国のために品質管理を行っているという側面が強いのである。

極端な言い方にはなるが、開発者（発注者）にとって、自分が建設する建物であっても、自分が求める品質を確保するための品質管理がしにくいということである。したがって、建設工事を請け負った建設会社は、開発者（発注者）の言うことを聞かず、監理会社の言うことを聞くのは、当然なのである。

開発者（発注者）が、自分が発注する建設工事に対して、要望が言いにくい、ということはほかにもあり、発注者は材料指定、メーカー指定ができない。

日本の建設業法にあたる中華人民共和国建築法（一九九七・一一・〇一）の二五条に、以下のような規定が定められている。

【契約の約定に従い建築材料、建築部品及び設備を工事請負単位（請負会社）が調達する場合には、注文

・工事監理及び工事管理を誰が行うかが不明確である。

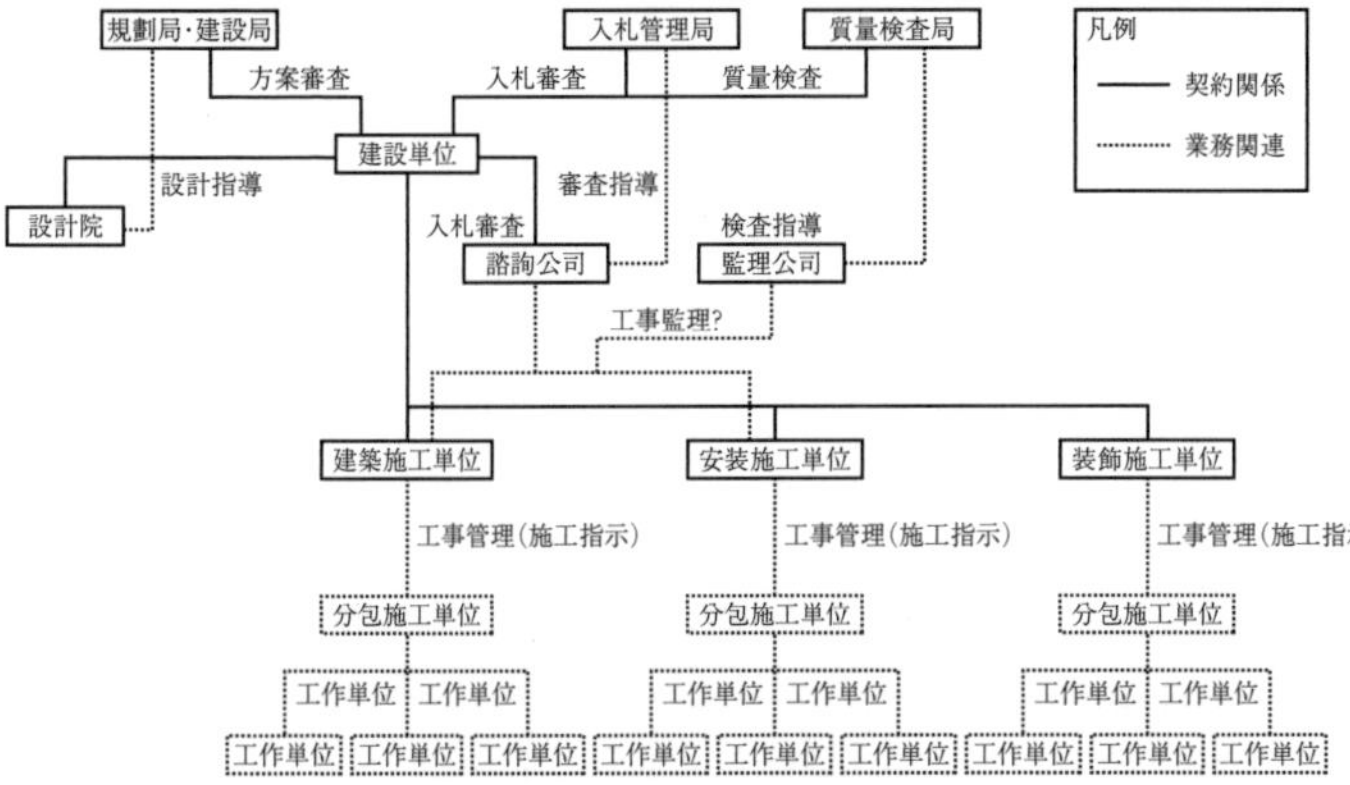

日中の工事体制比較（中国での工事体制）

単位（発注者）は、請負単位（請負会社）が購入して工事に用いる建築材料、建築部品及び設備を指定し、または生産工場及び供給企業を指定してはならない。】

つまり、注文単位（発注者）といえども、自分が要望する建築材料が使用できないということである。なぜ、このような規範となっているのであろうか。これを理解するためには、中国での工事費算出基準を理解する必要がある。

中国では、建築工事費を算出する際には、国あるいは省ごとに制定されている定額表に基づくことになっている。この定額表では、参考図中の「定額編号」にて表示されている番号の項目で、各工事ごとの作業内容、工事範囲、使用材料、労務工数等が示され、これを基に工事単価が定められている。したがって、発注者が建築材料の指定をすると、この定額表が使用できず、工事費が算出できないということになる。それゆえに、発注者は材

工程名称:○○项目○○楼土建工程

序号	定額编号	分部分项 工程名称	单位	数量	基价				合价			
					人工费	材料费	机械费	小计	人工费	材料费	机械费	小计
3	12-298	综合脚手架(高度130m以内)	100m2	183.95	1853.38	5348.12	198.7	7400.2	340929.25	983786.67	36550.87	1361266.79
	仮設工事			18395				74.00				1361266.79
4	4-45换	现浇砼砼墙商砼 (c50)	10m3	74.303	181.25	2998.47	2.9	3182.62	13467.42	222795.32	215.48	236478.22
≀												
25	4-74换	小型构件商砼 (C25)	10m3	0.353	174.5	3078.28		3252.78	61.6	1086.63		1148.23
	躯体コンクリート工事			746.56				318.30				237626.45
26	12-80	直形墙模板	100m2	453.38	966.33	1890.57	175.91	3032.81	438114.7	857146.63	79754.08	1375015.41
≀												
39	12-112	小型构件木模板木支撑	100m2	0.852	1787.79	3078.01	154.08	5019.88	1523.2	2622.46	131.28	4276.94
	型枠・支保工工事											1379292.35
40	4-295换	箍筋圆钢筋Φ6.5	t	19.899	1017.85	3699.35	50.65	4767.85	20254.2	73613.37	1007.88	94875.45
≀												
67	4-357换	预埋铁件	t	1.056	863.48	6745	416.13	8024.61	911.83	7122.72	439.43	8473.98
	鉄筋工事			19.899				5,193.70				103349.43
68	8-241换	物业、起居室、餐厅、厨房楼面挤塑板保温20mm (L2)	10m3	20.743	1700.62	8293.4		9994.02	35275.96	172030		207305.96
≀												
153	4-185换	通风道安装 (450*240)	10m	80.2	20.96	556.5		577.46	1680.99	44631.3		46312.29
	防水左官工事											253618.25
154	9-15	砼散水炉(矿)渣垫层干铺300mm	10m3	1.23	139.94	370.6		510.54	172.13	455.84		627.97
≀												
177	8-225换	出屋面踏步外墙苯板50mm	100m2	0.01	1968.44	5277.3		7245.74	19.68	52.77		72.45
	外構工事											700.42
178	12-213	100m以上-150m以下100m垂直运输	100m2	147.16	131.06		1486.92	1617.98	19286.79		218815.15	238101.94
≀												
187	11-10	人工、机械降效檐高(120m以内)	项	1	787089.2		134619.24	921708.44	787089.2		134619.24	921708.44
	仮設工事											1159810.38
		合计							3950715.26	11308180.15	906955.74	16165851.15

建設工事費算出事例

料指定やメーカー指定ができない仕組みになっていたのである。

価格競争の仕組みが導入される

海外からの投資がされない時代には、価格競争の必要はなく、定額表による工事費算出に関して何の問題も生じてなかった。しかし、海外資本による工場や事務所ビルの建設が始まると、建築材料や設備機器を海外から輸入しなければならなくなるとともに、競争入札による請負業者選定方式の導入等により、価格競争を求められるなど、定額表での工事費算出だけでは対応できなくなり、当然のことながら、請負契約段階や工事費清算段階において多くのトラブルが生じてきていた。

そこで、定額表による工事費算出方法の見直しが行われ、二〇〇三年、「建設工事工事量明細書計価規範（GB50500-2003）」が新たに制定され、海外投資案件への試行的な適用が行われたのである。

その後、国際的なエンジニアリング契約条項（FIDIC）のコスト＋フィー契約の仕組みも取り入れ、規範の改定が行われた。これが、二〇〇八年に制定された「建設工事工事量明細書計価規範（GB50500-2008）」である。これにより、価格競争の仕組みは導入されたが、実際の適用にあっては、各省、各市の定めによることとなっており、中国のすべての地域で、本当の価格競争ができているかどうかを断言することは難しい。

現地を理解するために、あえて翻訳作業に取り組む

私事となってしまうが、二〇〇八年は人生転機の年であり、私は六〇歳になり、それまで在職していた建設会社を退職し、現在の会社で中国事業の支援を始めた年であった。

そこで、まずぶつかったのが、先の「建設工事工事量明細書計価規範（GB50500-2008）」であった。中国語は、「你好（こんにちは）」「好久不见（お久しぶりです）」程度しかわからなかったが、「その国の仕組みを理解することが、その国でのものつくりの基本である。」ということで、この規範を理解しておきたいという思いから、あえて翻訳作業に取り組んだのである。

さらに、もうひとつ理由がある。情報化が進んでいる現在の日本では、中国の法律に関する翻訳資料も簡単に入手できるようになっている。実際、中国ビジネス専門のコンサルタント会社では、会員

制による翻訳情報サービスを行っており、会社でも入会し、活用している。

しかし、翻訳された資料をよく読んでみると、日本の常識では理解しにくい翻訳文になっていて、意味が通じないことがあった。例えば、「建設単位」という中国語があるが、これが翻訳文でもそのまま「建設単位」となっていた。その翻訳文のなかで、「建設単位は、建設行政主管部門へ施工許可証を申請する。」という文章があり、「建設単位」を「建設会社」と思い込んでいた。しかし、実際は「建設事業者」「建主」のことを指していることがわかった。本来であれば、「建設単位（建設事業者）」とするか、用語説明を付与すべきで、単に言葉を並べただけでは、翻訳文としては不十分であると思った。

そこで、正しい理解をするためには、内容を理解した上での翻訳資料が必要だと痛感したのである。当然のことながら、中国の建設の仕組みも確認しながら辞書片手の翻訳作業は遅々として進まず、無謀なことを始めたものだと後悔しながらも、約三カ月頑張って、ひとつの小冊子にまとめることができた。

この翻訳作業を終えてから、中国文の契約書を見ることが苦にならず、その後、見聞きする中国の建設事情をよく理解できるようになった。おそらく、このような分野の限られた専門的な規範の翻訳は、中国ビジネスコンサルタント会社でも行っていないはずで、中国の工事監理に関与する人にとっては、役に立つ資料でないかと自画自賛している。

その後、この翻訳資料に解説文を付け、電子データにして中国へ新規派遣となる若い工事監理者へ手渡ししている。しかし、これを活用している様子が見えないのが残念である。「中国では、品質の良い建物はできない。」なんて不満を言う前に、「中国の建設の仕組みを理解する」という努力を怠らず、ものつくりの原点を見つめ直すことを、これからの若い工事監理技術者に期待したい。

次に、期待を込めて、若い工事監理者へ、二つの問題提起をしたいと思う。

問題提起1 仕組みを知る努力をしていますか

品質管理の基本であるが、品質の定義として、Q（狭義の品質）、C（コスト）、D（工期）、S（安全）が主要要素としてあげられている。したがって、品質管理の面からも、中国事業において、どのようにして原価（C）管理を行うかは、中国事業に従事している工事監理者の重要な課題となっているはずである。

そのためには、まず工事原価がどのようにして決まっているかを知る必要がある。だからこそ、私は、自分の能力を超えた翻訳業務に取り組み、中国の工事原価の仕組みを理解しようと努力したし、若い工事監理者に情報を提供したのであるが、若い工事監理者の人たちが、これを知ろうとしていないのが残念でならない。

年寄りの愚痴として、あまり強く主張するのもいかがなものかということで遠慮していたが、「ものつくりに思いをはせて」というテーマを掲げた以上、今回は、あえて苦言を呈する。

・中国では、工事単価が複合単価になっており、誰も査定方法を教えてくれない。
・中国では、必ずわけのわからない追加工事費を請求してくるので、厳しい契約交渉しても意味がない。
・通訳がへたで、相手が何を言っているのか、こちらには理解できない。

等々、よく聞く若い工事監理者の不満の声である。文句を言う前に、中国の工事原価がどのように形成されているか、ものつくりの基本である「仕組みを知る」努力を本当にしているのか。

現在、ともに中国事業に従事している若い工事監理者に問題提起をしたい。

中国では施工図がなく、品質確保が困難

品質管理の基本であるQ（狭義の品質）に関する問題をひとつ取り上げる。

中国の建築設計は、規劃設計→方案設計→施工図設計の順に設計図が深化していく。しかし、日本でいう施工図は作成されていない。施工図を基に施工をするという技術文化はないのである。日本の品質は、納まりや施工を考え、その結果を図面にし、その図面どおりに施工を行うことによって確保されている。したがって、中国においては、設計院や工事業者に対して施工図を作成し、その図面を基に施工するよう指導することが、大切な工事監理業務となってくる。

しかし、実際にそのように監理指導をしようとしても、中国には中国式のやり方があるということで、強硬な抵抗にあうのが通常である。時には怒りをあらわにし、時には怒りを抑え、相手の言い分

を聞き、やさしく柔軟な姿勢で、図面を基にした施工を行うよう指導するのだが、一筋縄ではいかない。結局、最終的には「こんなにしてまで理解を求めてみても受け入れてもらえない。しかも、中華思想丸出しの尊大な対応ぶりである。やってられない。」と、諦めてしまっている中国経験者は多い。

施工図を基に施工をしないという中国の文化は、旧態依然ではあるが、日本の品質管理の技術文化をしっかりと理解し、導入しているのも事実である。大連で、危険予知活動の掲示板を大きく掲げ、安全通路や安全手すりをきれいに整備している中国企業の工事現場を見てきたが、彼らは日本のＴＱＣ活動を勉強し、ＰＤＣＡの管理サイクルの有用性を理解していた。

中国に派遣された若い工事監理技術者が、着任間もない段階にもかかわらず、いかにも中国のすべてを理解したかのように、「中国では、日本の品質を確保することは無理である。」と言い切る姿勢には、苦言を呈したくなる。確かに、中国から撤退した企業は多いが、本当にそう言い切っていいのだろうか。

問題提起２　バカと呼ばれるほど本気で取り組んでいますか

中国プロジェクトの経験者のなかには、「日本の品質を確保することはできなかったが、自分のやり方にも問題があったのではないかと思う。次には、もっとうまくやってみたい。」と考え、中国ビジネスへの再挑戦を希望する人も多い。なぜ、できなかったのだろうか。

それぞれ、いろいろな要因が重なり合い、一言では言い切れないが、「根気負けした」というのが本音ではないだろうか。「品質意識」が少ない中国の技術文化の壁を壊すだけの「熱意」が足りなかったのである。

中国ビジネスに経験豊富な多くの人は、「中国には、中華思想（中国が最善である）があり、中国人のプライドは非常に高い。」と、中国の国民性を分析評価している。まさに、品質管理の面でも、中国では中国式にということで、日本の技術文化を素直に受け入れない。受け入れてもらうためには、中華思想を乗り越えるだけの説得力ある理論と熱意が必要なのである。

中国と日本の品質管理レベルの比較をする上で、日本製品の品質の高さが中国でも認められていることを考えれば、説得力のある理論については問題はない。問題は、熱意である。

「経験のために、二、三年中国で仕事をしてほしい。」

「海外ボケしないように、早めに帰ってくるように。」

などの安易な言葉で、若い技術者を送りだす人も多く見受けられるが、これがさらに問題である。

中国における「ものつくり」は、中華思想を乗り越えることであり、中国の技術文化の壁を壊すことなのである。そのためには、バカと言われるくらいの熱意（やる気）と根気が必要であり、そう呼ばれるには、それだけの時間と経験が必要なのである。

そこで、「あえて技術バカになり、品質バカ、中国バカと呼ばれるほどの本気で取り組んでいますか。」と問いかけたいのである。

公共建築を整備する組織の技術者の役割

奥田修一（おくだ しゅういち）
一九五〇年生まれ。東京都立大学（現首都大学東京）工学部建築工学科卒業。（一般財団法人）建築コスト管理システム研究所 専務理事。国土交通省官庁営繕部に三三年間在籍。高度成長期からバブル崩壊以降までの官庁営繕の組織と業務の変遷を経験し、主導してきた。

私は国土交通省および旧建設省の官庁営繕部に三三年間在籍し、高度成長期からバブル崩壊以降までの官庁営繕の組織と業務に直接かかわり、その変遷を体験してきた。その経験の積み重ねから、官庁営繕が時代とともにどう変化してきたか、また、そこから公共建築を整備する組織の技術者の役割はどうあるべきかについて、私の考えを述べてみたい。

官庁営繕の歴史

歴史のある組織には、長年の間に培われた伝統、いわば組織のＤＮＡのようなものが受け継がれている。そして、どの組織でも創業者の考え方が、その後の組織のありように色濃く反映される。そうした意味から官庁営繕の歴史をさかのぼれば、明治の近代建築草創期の官庁営繕の草分け的存在である妻木頼黄にたどりつく。妻木は、アカデミーや民間建築を代表し東京駅の設計で知られる辰野金吾、宮廷建築家で赤坂離宮の設計で知られる片山東熊とともに、明治建築界の三大巨頭と称された。

コンドルなど英国の建築家により先導されていた明治の建築界に対し、不平等条約の改正のために、ヨーロッパに負けない壮麗な中央官庁街の建設に意欲を燃やす井上馨は、ドイツの建築技術を導入することとし、ドイツに派遣された妻木頼黄などが官庁建築のグループを形成した。

妻木は旗本の出身で、一三歳で天涯孤独の身となって米国を放浪し、帰国後、日本建築界の中枢をなす工部大学校造家学科に入学するも、中途でニューヨークのコーネル大学に転身するなど特異な経歴をもつ。このため、造家学科一期生で近代日本建築界を率いてきた辰野とは一線を画しており、妻木自身が「辰野君は学術本位、俺は技術本位」と言ったとされるほど現場第一主義で、たたき上げの職人や自ら育てた技術者で周りを固めていたという。この厳しい姿勢が「官庁営繕は鬼よりこわい」と言われたことにつながったのかもしれない。国会議事堂の設計を官庁営繕で行うかコンペにするかで、妻木と辰野の確執は頂点に達した感があるが、その後の情勢の変化で議事堂の予算化がなされないまま、大正五年に妻木が、大正八年には辰野がこの世を去り、官庁営繕と建築界主流との確執も解消されたようである。

官庁営繕は、明治の初めから第二次世界大戦まで、常に官庁建築の中心にあり、昭和四年には総理大臣官邸を、昭和一一年には長年の懸案であった国会議事堂を完成させ存在感を示したが、その後日本は戦時色を強めていき、官庁営繕組織も縮小されていった。戦前と戦後では、人についても組織についても断絶があるが、妻木をルーツとする官庁営繕の伝統として戦後に受け継がれているものがあるとしたら、技術本位の現場主義ということになろうか。

昭和二三年七月に建設省が設置されると、特別建設局営繕部として現在の官庁営繕部に至る組織がスタートを切った。当初は失われた官庁施設の復旧などに当たっていたが、昭和二五年六月に朝鮮戦争が勃発して警察予備隊が発足し、その関連施設や駐留軍関係施設の整備に多忙を極めることになった。

昭和二六年には、官庁営繕にかかる初めての法律である「官庁営繕法」が制定されて、戦後民主国家として「庁舎は、国民の公共施設として、親しみやすく、便利で、且つ、安全なものでなければならない」という建築方針が示された。昭和三一年には、名称が「官公庁施設の建設等に関する法律」に改められ、国の建築物については建設省が基準を定め、各省を指導監督することが規定されたが、実際の施設の建設に関しては郵政（郵便局）、文部（国立学校）、厚生（国立病院）、防衛（防衛施設）などがそれぞれ担当することになり、事業規模としては各省匹敵する群雄割拠の様相となった。

昭和三〇年代に入ると、戦後処理的な事業が多かった二〇年代に比べて、合同庁舎をはじめ本格的な施設整備が全国的に展開されるとともに、東京オリンピック関連施設、国立劇場、京都国際会館などの特殊な施設整備も行うようになってきた。

昭和四〇年代は、高度経済成長のもと予算も大幅に伸びて、多くの官庁施設が整備された。税務署、法務局、労働基準監督署、公共職業安定所、気象台等が数多く整備されて、庁舎の不燃化が大幅に進捗した。また、国家プロジェクトとして筑波研究学園都市の国の研究機関の整備が着手され、それまで内部で設計監理を行ってきた官庁営繕としては、初めて基本設計から監理までを外注する、いわゆる筑波方式が採用された。

この時期は建築技術の発展と事業量の増加が相まって、効率的でなおかつ一定の質が確保できる整備手法が求められた。このため、設計の標準化が計画的に進められ、数多くの技術基準が作成されて、官庁営繕の技術を支えるバックグラウンドが形成された。また、それまで内部で設計監理を行ってきたものを、業務量の増加に対応して、ピークカットのために設計を一部外注するようになった。

設計実務と基準の作成

以上が、昭和四〇年代までの官庁営繕の歴史であるが、ここからは私が入省した昭和四八年以降について、直接の経験をもとにたどっていきたい。したがって、必ずしも官庁営繕全体を網羅してはいないし、記憶に基づく部分や私見も含まれることをお断りする。

昭和四八年に建設省に入省し、構造設計の実務と基準の作成に携わった。最初に配属された官庁営繕部建築課は、霞が関の官庁の設計や、技術基準の作成を担当しており、建築設計の職場らしく製図板にスタディ中の模型なども置かれ、官庁とはいえアトリエ的な雰囲気にあふれていた。建築屋の特色かもしれないが、上下関係も厳しいものではなく、自分の考えを主張することも許されたし、むしろそれが奨励されていたようなところがあった。自分の考えをもって、それをしっかりと主張できないようでは、一人前ではないとみなされていたように感じた。

技術を身につけるという意味では、もちろん実務を通じての訓練が基本であったが、設計主務者会議、基準担当者会議、設計コンクールなど全国の実務者が意見を交わす場があったことも大きかった。設計主務者会議はその名のとおり、全国の第一線で設計を行っている実務者が集まり、時々で課題となっているテーマについて議論をするというものである。課題の共通認識による技術レベルの平準化と、解決に向けての検討による技術力の向上の効果はあった。集うのは全国のライバルたちであり、そこで自分たちがいかに先進的な取り組みをしているかを競い合っていた。

昭和四〇年代には、事業量の伸びに対応して、業務の標準化・効率化のための技術基準の整備が進められ、組織的にも基準担当が全国に配置された。基準担当者会議は本省で作成された基準案に対し、地方の実態に即した意見を提示し、討議の上まとめていく場である。それほど技術が複雑化していなかった時代とはいえ、基準をつくるということは、個別の建築設計とは違い、一般的な技術レベルの状況を把握し、品質と費用が妥当な水準を設定するという業務であり、かなりの技術力が要求される。それも、平均的技術レベルよりは半歩先に進んだものにして、建築全体のレベル向上を促すことを意識していた。官庁営繕の技術基準は、代表格の共通仕様書（現標準仕様書）をはじめとして、日本建築学会などの基準に比べて実用本位なのも、実務に立脚した組織の伝統なのかもしれない。

設計コンクールは、建設省ができて間もない昭和二六年にスタートしている。当時はさまざまな経歴をもつ技術者の寄せ集めで、本省、各地方建設局とも考え方も技術レベルもばらばらであった。このため全国的な技術レベルの向上と相互研鑽のために始まったものが、四〇年代後半には完全に定着し、官庁営繕の一大イベントとなっていた。各地方建設局からの提出作品について現地調査が行われ、本審査は建設省の大会議室に本省幹部、各地方建設局の営繕部長、建築課長、設計担当が一堂に会してプレゼンテーション、質疑、討論、審査と進んで、最後は受賞作品の投票へと進んでいく。まさに設計担当にとっては切磋琢磨の場であり、晴れの舞台、時には雪辱を誓う場でもあった。

これら当時の仕組みは、今考えると長閑な感じもするが、いつの時代も、どのような組織にも、若い技術者に努力を促し、人を育てる仕掛けは、技術の中身は変わったとしても必要なものではないだろうか。若い人はいつの時代も、砂に水がしみ込むように旺盛な吸収力をもっているものだ。人を育てるための時間と費用を省くようなやり方では、技術の地盤沈下が進み、本来高度であるはずの日本の労働力が劣化して、将来の大きなロスにつながってしまう可能性があると思う。

八年ほど設計実務に携わった後、科学技術庁原子力安全局、建設省技術調査室（技術開発を担当）と官庁営繕以外の部局を経験したが、やはり組織は外から見るのと中に入るのとでは大違いであり、視野の座標を広げるのに大いに役立ったと思っている。慣れなくて大変な面もあるが、外部組織の経験は長い目で見れば必ずや自分の肥やしになると確信する。

プロジェクトの企画とマネジメント

昭和六〇年に九州地方建設局に異動し、プロジェクトの企画に取り組んだ。

官庁営繕部では、施設整備の必要性・緊急性を判断する基準を戦後の早い時期から作成していた。

そして五年サイクルで国の施設を現地調査し、老朽度と狭隘度を定量的に評価して、改修や建替えの必要性を判定していた。地方都市では、国の施設はそれぞれ個別に立地しているのが一般的であったが、もしそれらを一箇所に集約して合同庁舎として整備すれば、利便性や効率性は格段に向上する。こうした視点から、町ごとに国の施設の現況を把握して、建替え時期を考慮した上で複数施設を合同庁舎として整備することを主眼に置いた計画(長期営繕計画)が昭和五九年に策定された。ただし、この段階での計画はあくまでも机上のものであり、それを具体的なプロジェクトとしてスタートさせるためには、幅広い調整を重ねていく努力が必要となるが、それはまたプロジェクト企画という仕事の醍醐味でもある。

地方建設局にとって、合同庁舎計画を具体化していくためには、全国のライバルプロジェクトと競争して、限られた予算の枠の中で採択を目指さなければならない。そのためには、施設機能の充足はもとより、地元自治体との連携による街づくりへの貢献など魅力あるプロジェクトづくり、すなわち施設価値の最大化がポイントとなる。敷地の選定や、不要になった既存施設の処分など、地元市町村や国有財産を管理する財務局と調整が必須であるが、施設価値の向上を図ろうとすればするほど、調整の相手方も増え、手間もかかるようになる。

例えば、理想的な敷地が民有地であれば、土地の取得交渉が必要になるし、他の公共施設と合築や複合化をして施設価値を高めようと思えば、その相手方との調整が必要になる。足繁く現地を訪ねて、関係者との信頼関係を築きつつ調整を重ねていくという手間のかかる仕事だが、整備された施設が何十年にわたって地元に役立つことを考えれば、やりがいのある仕事だ。

この長期営繕計画に基づくプロジェクト掘り起こしの努力は、結果的には合同庁舎整備の大幅な進捗につながったし、官庁施設を核とした街づくり制度（シビックコア地区整備制度）の創設にもつながっていった。建築ではとかく設計に目がいきがちであるが、完成した施設の価値の大半は、企画の中身で決まるといっても過言ではない。プロジェクトの仕込みの企画段階での官庁営繕の役割の大きさと可能性を改めて認識することになった。

平成三年に関東地方建設局の計画課で、主にプロジェクトのマネジメントに携わった。その時期は予算も大幅に伸びており、また、国立横浜国際会議場や第二国立劇場（完成後は新国立劇場）などの特殊なプロジェクトも抱えて事業量が倍増していた。予算に比例して組織・人員が増えるわけではないので、結果として業務の外注の増加につながり、実施設計はほとんど外注になったといっても差し支えないほどであった。この実施設計外注の増加は徐々に進行したので、ベテラン職員にとっては設計外注はピークカットのためという認識に変化はなかったが、当時入省した職員にとっては、設計業務は外注が主体という認識をもったのではないかと思う。

このように事業量の増大と事業の大型化、複雑化により、地域によってある程度の差はあったとしても、官庁営繕の業務の主体は設計監理から関係機関との調整、発注手続き、コスト管理などのプロジェクトのマネジメントに移行していった。

私がマネジメントにかかわった施設の中でも、印象深いのは第二国立劇場である。設計から発注、起工式までを担当したが、ちょうどバブル期で建設費が高騰して予算不足に陥り、大幅な見直しと調整を迫られていた。国家的な大プロジェクトであるから、関係者の数も膨大で、そこまでに至る経緯も複雑である。思い悩んで第二国立劇場にずっとかかわってきた前任者（故人）に相談に行くと、「過去のいきさつや立場にこだわらずにプロジェクトを先に進めるにはどうしたらいいかを考えなさい」という。役所的な立場から、過去の経緯と整合のとれた答を見いだせずにこう着状態に陥っていた私にとっては思いもかけない一言で、肩の力が抜けたのを覚えている。それ以降も、本当に困ったときにはその言葉を思い出している。

公共建築の先導的役割

本省では、いくつかの立場で業務に携わってきたが、官庁営繕にとって一つの重要なことは、公共建築全体に対する先導的役割を果たすことである。以下に直接担当した、あるいは重要な結果につながったいくつかの出来事について振り返ってみる。

一つは、貿易摩擦を背景とした日米建設協議に端を発する海外企業参入問題である。昭和六三年には、外国企業が日本の建設市場に習熟するための措置（ＭＰＡ）が決定され、その特例プロジェクトの国直轄工事第一号が、みなとみらい21の国立横浜国際会議場であった。発注方式について、いくつかのケースをスタディし、結果として設計については米国のインテリア会社が、工事についても米国企業がＪＶの一員として参加した。その後も特例プロジェクトについては、海外企業の参入が相次いだが、建設市場の国際化問題は特例措置からＷＴＯ政府調達協定へと協議の場を移し、オープンな発注手続きが共通ルールとして一般化されていった。こうした公共建築工事の調達方式に関しては、官庁営繕が常にそのひな型を先導的に実施する役割を担ってきたといえる。

平成七年一月、阪神淡路大震災が発生した。官公庁施設を含む多くの建築物が崩壊し、官庁営繕の所掌施設も大きな被害を受けて、災害時に求められる機能が発揮できないものが多くあった。現地の出先機関では被災状況の把握、応急復旧、復興と懸命な対応が行われたが、本省においても復旧復興の予算手当のほかに、震災を踏まえての今後の地震防災機能のあり方についての検討が求められた。

建設省のみでなく、学校の文部省、病院の厚生省など、施設を所掌する省庁も被害を踏まえた今後の耐震安全性への対応を厳しく問われていた。国の施設としての安全性については統一的な考え方が求められており、特に施設ごとの重要度係数などは整合が必要となっていた。このため、関係省庁の連絡会議を立ち上げて方針を整理し、「官庁施設の総合耐震計画基準」が取りまとめられた。霞が関では省庁の縄張り争いが知られているが、施設担当どうしが目標を同じくして真摯に議論すればおのずと通じるものであり、それから後は各省の連携もスムーズにできるようになったと感じている。

ＰＦＩへの取り組みも、官庁営繕にとっては大きな出来事であった。ＰＦＩは民間の資金や能力を活用して効率的、効果的に公共サービスを提供しようという手法で、英国での実績などから注目され、わが国でも平成一一年には、いわゆるＰＦＩ法が制定された。いくつかのプロジェクトが動き始めたが、インパクトのあるものが少ない状況の中で、文部科学省、会計検査院の建替えである中央合同庁舎第七号館整備がＰＦＩの検討対象となり、霞が関ビルを含む街区全体の再開発と一体的に整備するという形で、政府の都市再生プロジェクトの第一弾としてスタートすることが平成一三年六月に決定された。

ＰＦＩは長期にわたり支払いが継続するため、官庁営繕部内でも後年度負担を考えて慎重な意見も強かったが、国の施策であり都市的なスケールで施設整備価値の最大化を図れることから、実施の決断に踏み切った。ＰＦＩ事業の手続きと都市計画の手続きを並行して進めるという難しさがあり、ＰＦＩ事業そのものも、延べ約二五万平方メートルの施設の中に民間収益施設も含む複雑なスキームであったが、関係者の連携・協力のもと、決定から二年という異例の早さで契約までこぎつけることができた。

次には、千代田区役所との合築となる九段第三地方合同庁舎のＰＦＩ事業を実施し、それらの実績を踏まえて「ＰＦＩ手続き標準」を作成して、その後の事業のひな型として活用された。官庁営繕が国のＰＦＩの先頭に躍り出たことで、担当者は大変な苦労をしたが、実務的な色彩の強い官庁営繕が、政策的に一皮むけたという印象を与えられたのではないかと思っている。今でも霞が関ビルの前に整備された広場を歩くと、事業スタート時のことが思い出される。

次は国の営繕関係技術基準の統一化についてであるが、これはＰＦＩとは直接関係はないものの、ＰＦＩに取り組まなかったら実現しなかったことでもある。というのは、総理および関係大臣が出席する都市再生本部会議において、官庁施設のＰＦＩ事業が検討された際に、国の施設整備の効率的実施の必要性について議論となり、内閣官房副長官が主宰する副大臣会議において、営繕事務の一層の合理化・効率化の検討が行われることになったからである。検討の結果、それまでバラバラであった各省の営繕関係基準類が統一化されることとなり、平成一五年三月には国の統一基準が決定された。各省営繕の一元化については、明治以来いく度となく取り上げられ検討されたものの、組織の一元化としては実現されなかったが、この技術基準の統一により、仕事のやり方については統一化された。

行政改革と意識改革

平成八年、橋本内閣は二一世紀の国のかたちを考えるという意気込みで、総理自らが会長を務める行政改革会議をスタートさせ、規制緩和、官から民へ、中央から地方へとの考えのもと、あらゆる行政組織を対象に検討が行われ、その結果が省庁再編につながった。

官庁営繕についても民間能力の活用、各省営繕組織の一元化、独立行政法人化などの観点から検討が行われたが、最終報告では民間委託の推進の項で、包括的に民間に委託する手法を積極的に採用すべきであるとの記述がなされた。

官庁営繕の設計監理業務は、事業量の増大に対応するためにすでに大半が民間委託として外注されていたが、基本的な考えとしては、あくまでも内部設計が原則という認識が残っていた。しかし、行革会議における民間委託の推進という考え方を踏まえて、設計・監理については、基本設計を含め原則すべてを民間委託するという方針を明確にした。実質的な変化は少ないものの、原則が内部設計から外部委託に変わったということは、一八〇度の方針変更ともいえるものであった。

このように官庁営繕も時代とともに変化しているが、歴史や伝統のある組織であればあるほど、そのマインドセットは変わりにくいものである。ダーウィンの進化論では、この世に生き残るのは変化に対応できる生き物だということだが、絶滅種にならないためには、組織の末端に至るまで時代の変化に対応したマインドのリセットが必要となる。こうした認識のもと、官庁営繕もその根幹的使命（ミッション）にまでさかのぼって、そのあり方を検討するマネジメント改革に取り組むことになった。

ある幹部の提案で、議論は次代を担う三〇代四〇代の職員で行い、幹部はアドバイザー役に回ることとした。平成一四年に作成された官庁営繕のマネジメント改革は、その後も職員の意識改革、組織改革などの大きな流れにつながり、官庁営繕のアイデンティティー再構築の一つのよりどころになったのではないかと思っている。

官庁営繕の職員として、あるいは公共建築に携わる技術者として

これまで述べたような経験を通じて、官庁営繕の職員として、あるいは公共建築に携わる技術者として大切だと考えることについて述べてみたい。

まず建築技術者としての技術力については、私のように設計実務から入った者にとっては、設計・監理ができる能力が技術力という思い込みがあり、設計外注先の事務所に対しても指導できる能力をもつべきとのマインドをもっていた。しかし、民間にできるものは民間に任せるという立場からすれ

ば、重複する業務領域をもつのではなく、民間との役割分担とパートナーシップに向かうことは必然である。この流れは、経済社会全般における専門分化による効率化と軌を一にしており、総合建設業から専門工事業への業務のシフトや製造業におけるアセンブル化と同根であり、良い悪いは別として時計の針を元に戻すことはできない。

では、公共建築に携わる技術者としてもつべき能力は何か。一言でいえば、施設の価値を最大化するための企画・マネジメント能力ということになるだろう。そのためには、まず第一に価値の最大化を定義できる、言い換えれば目標を設定できる能力と見識が必要となる。公共建築である以上、その価値は公にとってということになるが、一口に公といっても使用者、所有者、管理者、納税者など多くの関係者がおり、また、建築のライフスパンを考えると、現在だけでなく一定の将来を見据えて判断しなくてはならない。

次に、その目標を多くの関係者と共有できるためのコミュニケーション能力と、プロジェクトを進めるための調整能力も欠くことができない。何事においても、仕事を進める上で重要なのは、人と人との信頼関係の構築である。ただ、どうすればいいのかについては、人それぞれだと思うが、私の場合は手間を惜しまず誠心誠意ということでしか対応できなかった。

目標の設定が明確でそれを関係者が共有できれば、言い換えれば企画がしっかりしていれば、プロジェクトが成功に導かれる確率はかなり高い。建築は設計者、建設会社、専門工事業者、メーカーなど多くの人によって造られるが、公共の技術者はその最も川上にあって、建築を使う側や社会との橋渡しをする役割であり、結果に対する影響力もその責任も重い。ただ、優れた公共建築を残すという行為は、その努力に十分報いる価値のあるものと信じる。

技術力に関して言えば、建築技術者である以上、バックグラウンドとなる建築の専門技術については、常に一定水準を保つ必要があるが、とりわけ建築を評価できる能力、目利きの力は重要である。これは芸術やグルメにも通じるところがあり、多くの建築、特に優れた建築を見て眼力を養うことが大事だ。さらに言えば、これからのストックの時代においては、個別プロジェクトの企画・マネジメントから、施設群全体の価値の最大化に向けてのファシリティマネジメントやアセットマネジメント1)という視点での能力の重要性が高まる。

次に仕事への取り組み方でいえば、公共建築に携わる者は、建築技術者でありながら役所の組織の一員として業務を進めることになる。この二つの立場をどうバランスさせるのかも難しい点だ。組織の通弊として、将来のことより現在をうまく治めるという志向になりがちだが、このことは往々にして施設価値の最大化と矛盾する。慣例に流されたり、組織の内向き志向になることなく目標に向かって努力していくためには、月並みな表現だが、社会に対する倫理観、職務に対する責任感、継続する意思の強さ、それに新しいことに踏み出す勇気が求められる。第二国立劇場やPFIでの経験からすると、止まるか進むかの決断においては、止まったらその段階でリスクはなくなるが、新たな展開もない、進めばリスクはあるが、そのリスクに対処する知恵も出るということだ。官庁営繕のマネジメント改革の柱に「学習し、成長する人と組織」という言葉があるが、人も組織も常に前に進んでいきたいものである。

最後に官庁営繕について言えば、やはり公共建築のリーダーとして、常に先頭に立って次代を切り拓くという気概も、妻木頼黄以来の伝統として意識してもらいたい。

1) 不動産などの資産を効率的・効果的に管理・運用すること。

参考文献

1) 村松貞次郎、日本建築家山脈、鹿島出版会、二〇〇五
2) 北原遼三郎、明治の建築家 妻木頼黄の生涯、現代書館、二〇〇二
3) 建設省五十年史編集委員会、建設省五十年史、建設広報協議会、一九九八

人の話を聞くことから設計は始まる

成田一郎（なりた いちろう）
一九四八年生まれ。日本大学理工学部建築学科卒業。公益社団法人 日本ファシリティマネジメント協会（ＪＦＭＡ）常務理事・事務局長。建築主の要望をどうしたらうまく聞き出せるかという苦労話を学生にされて、特に設計を志す学生から絶賛された。

はじめに

建築を志す者の多くは、理工学部や工学部の建築学科で建築を学ぶ。そこから学ぶことの多くは、「いかに建築をつくるか」ということである。もちろんその周辺のことも学ぶが、建築を「いかに使うか、いかに活かすか」については、ほとんど学ぶことはない。

そして、竣工した時が最高で、その後、老朽化が始まるような建築をつくっている。完成後、一〇年後、二〇年後、五〇年後、まして一〇〇年後のことはほとんど考えていない。そこにかかるランニングコストのこともほとんど考えていない。時間の概念や世の中の変化を、設計の中にほとんど加味していないのである。

建築に携わる者の多くは、「より良い建築をつくりたいと考える善人たちである」と思う。良い建築とは何ぞやという議論もあるが、美しく、基本性能や機能を満たし、発注者にも関係者にも、そして自分にも満足度の高い建築をつくりたいと思っている。

しかし、建築の作り手だけでは、良い建築はできない。良い発注者がいて初めて良い建築ができる。建築とは、発注者と作り手とのコラボレーションでできあがるもので、どちらか一方の力では決して満足のいくものはできない。特に発注者の要求条件の作り方で、その内容は大きく左右される。

ここで改めて考えると、建築に携わる者には、「いかに建築をつくるか」を学ぶ場があるが、建築を発注する側には、「いかに建築を発注すべきか」を学ぶ場がない。かつての建築や芸術を理解したパトロンと呼ばれる貴族や富豪、有識者等は、自ずとそのようなことは習得していたのだろうが、現在社会のように、あらゆる人が発注者となる時代には、発注者としての基本を学ぶ場が必要であろう。

発注者みずから発注書や要求条件書を作成できないとき、建築の設計者等にこれらの作成を依頼することがある。これは必ずしも間違いとはいえないが、発注する側の立場と設計する側の立場の違いは明確に異なるのである。「目標」を与えるのが発注者の役割で、それを「実現」するのが設計者の役割である。

このようなことを漠然と感じていたが、これらを明確に意識するようになったのは、一九八〇年代半ばにファシリティマネジメント（以下、ＦＭ）の概念を知ったときである。私はそれまで、建築の設計的な業務に携わり、作り手の立場でさまざまな技術開発を行い、ソリューションを提供してきた。しかし、ＦＭという概念を知り、そこで改めて、発注者と設計者、使う側とつくる側（ユーザーとサプライヤー）の立場の違いを認識した。

そこで、発注者やユーザーの声を聞く大切さ、それらの声を要求条件書として明確に整理することの大切さを学んだ。これは、発注者としての、あるいはFMを実践する人（ファシリティマネージャー）の役目であることを学んだ。そして、これらを知ることは、設計者として必要不可欠であり、より良い建築づくりを目指すためにも必要不可欠であると感じた。ここでは、これらの二つのこと、「話を聞くことの大切さ」と「要求条件書を明確にする大切さ」について、私が長年実践してきた方法について紹介したい。

1 「話を聞くことの大切さ」―POEとニーズ調査

POEを知る

もう二〇年以上前、一九八〇年代後半の話である。JFMA（現在：公益社団法人日本ファシリティマネジメント協会）主催の米国FM調査で、FMの先進企業を訪問した時のことである。訪問先のファシリティマネージャーが、本社の新築の話やオフィスのワークプレイスの話のときに、必ずといってよいほど、POEの結果このようにした、あるいは完成後POEを実施したところ、このような結果になった等の話があった。POEとは、Pre/Post Occupancy Evaluation（事前／事後の利用者による評価。一般には満足度評価）のことである。

当時、POEの意味も十分理解していなかった私は、ツアーの後半にある企業を訪問していた時、本当に米国の企業ではPOEを実施しているのだろうかと疑問に思い、その旨の話を知人の通訳に話をしていると、訪問先のファシリティマネージャーから「日本ではPOEを実施していないのか。なぜ、実施しないのか。実施しないでユーザーのニーズがわかるのか。建物の完成後、POEを実施しないでどのように評価しているのか。」等の質問が次々と返ってきた。私は、なんとかその場を切り抜けたが、その時、POEの必要性と重要性を身をもって感じ、これらのPOEを日本でも当たり前にしなければいけない、これらの手法を開発しなければいけないと強く感じたのである。

なぜ利用者の声を聞かないのか

日本では、なぜPOEのような方法が一般化しないのであろうか。その理由はさまざま考えられるが、文化の違いであろうか。日本人は「評価」ということがあまり得意ではない。正確に評価して云々するより、あうんの呼吸で理解しあえるようにするほうがスマートであるという感覚がある。実際、満足度調査を実施しましょうと声をかけても、わざわざ聞かなくても大体考え方はわかっている、変な要求がきても困る等の意見が出てくることが多々ある。近年は随分変わってはきたが、定期的にファシリティの満足度評価をしている企業がどれほどあるだろうか。ほんの数パーセントにも満たないのではないだろうか。実践している企業でも、新築時や移転時、リニューアル時に実践するというのが実情であろう。

さらに、かつては供給の時代で、利用者より供給者側、例えば設計者等の専門家の意見のほうが強く、利用者はプロの意見に従えばよいというような傾向もあった。利用者はプロでないと思われていたのである。しかし、時代は変わってきている。利用者の意見を聞くことが大変重要になってきているのである。

利用者の声は、アイディアの宝庫である。そのためには、「しかたがないから聞く」のではなく、「積極的に聞く」「その声を活かす」という発想が大切になっている。

設計をするとき、発注者や利用者の「課題発見」から考えることが大切で、ニーズをしっかり捉えることが第一歩である。利用者が困っていることは何か、経営者は何を考えているのか、現場の社員が困っていることは何か、皆、意見をもっている。それをスムーズに引き出して、ニーズとしてまとめることがポイントである。ニーズや課題を知らずして、ソリューションについて議論しても無意味である。ソリューションは無限にあるのだから。

「一対比較インタビュー法」の紹介

ここで、私が長年実施し、ＰＯＥの一環として開発した手法についてご紹介しよう。「一対比較インタビュー法」と呼ぶその手法は、日本建築学会では「評価グリッド法」、かつては「レパートリーグリッド発展手法」と呼ばれていた手法をベースに、ゲーム感覚を入れた一対比較による個別インタビュー手法である。大成建設では、「T-PALET」と呼び、登録商標されている。

この手法は、臨床心理学を応用した手法で、利用者の真のニーズを発見することができ、ニーズ調査やマーケット調査にも利用できる。

一対比較インタビュー法の特徴は、ゲーム感覚のインタビュー手法で、リラックスした雰囲気の中で、建物を一対比較しながら、その差についての考え方を聞いていく手法である。

例えば、顧客に知っているオフィスを数件あげていただき、それらが一〇点満点で何点か、ボード上の点数の上に置いていただく。①まず、それぞれの点数の差についての「考え方」を聞く。②次に、その「理由や現状」について聞く。③さらに、どのようにすれば改善できるのか「改善へのヒント」を聞く。この三つの質問を繰り返し聞いていくだけの手法である。

インタビューする側が最初から準備する質問項目はない。一般に四〇分から五〇分程度インタビューすると、顧客のオフィスに対する考え方が見事に浮き出てくる。顧客の考え方が整理され、その理由や改善策がわかるのである。実にシンプルな方法であるが、専門家が準備した質問項目で聞くより、ずっと真のニーズに迫った答を得られるのである。

一対比較インタビュー法の基本

一対比較インタビュー法の基本は、顧客の声（ニーズ）を正確に聞くことである。建物などを一対比較しながら聞く、意見を素直に聞く、無条件・無批判に聞く、自分の考えや意見は言わない、押し付けない、発言内容は言ったとおりに書く、具体的質問は最後に聞く、といったところである。簡単なようで、これらができない方が多い。人の意見を聞くより、自分の意見を言いたい人のほうが多いのである。

一対比較インタビュー法は、人が建物を評価する「評価項目」とその「認知構造」を、その人自身の言葉で抽出し、把握するという方法である。これらはパーソナル・コンストラクト理論とラダーリングという手法をプラスして、さらにゲーム感覚を加えた個別インタビュー手法である。

なぜ一対比較インタビュー法なのか。私は、二〇年以上にわたりこの手法を用いて、四〇〇物件以上、一〇〇〇人以上の方にインタビューさせていただいた。

この手法は、利用者の真のニーズを知ることができ、課題が発見できるので、そのためのソリューションを考えられ、利用者の求めているものが提供できる。

この手法は、ひたすら相手の話を聞くので、相手と信頼関係が生まれてくる。そして、経営者や関係者に話を聞くので、関係者間の合意形成も得やすくなる。

さらに、一対比較インタビュー法は経営者や利用者のニーズが正確にわかるので、改善の方向性が明らかになり、道しるべとなり、利用者が求める最適な施設計画が見えてくる。設計段階でも、設計の手戻りが少なくなり、本来の設計に集中でき、満足度の高い提案ができるという特徴がある。利用者と設計者がともにコラボレーションしながら作れ、まさに「共創」という発想になる。

これらが、私が長年この手法を利用してきた理由である。

建築は人間が使うもの

建築は人間が使うものである。そこに、利用者の「真のニーズ」を活かさないでうまくいくはずがない。利用者の声に素直に耳を傾けることが大切で、そこは、情報の宝の山といえる。利用者の声を、設計や運用に活かすことは、結果としてさまざまな無駄も省けるのである。ニーズも聞かないで、設計やソリューションを考えるような無駄な労力を使うことはやめたいものである。皆が幸福になれるように、まず利用者の声を聞く。ニーズを聞く。課題を明確にする。これが、設計の出発点である。

以上、ここまで、じっくりと話を聞く大切さ、聞き手が自分の意見をいうのではなく、カウンセラー的にひたすら聞くことの大切さを述べた。次に、それらの話を「発注者の要求条件書」として活かしていくこと、その表現はむずかしい条件書ではなく、詩や物語などでも十分に発注者の思いが伝わるということを理解していただきたい。

2「要求条件を明確にする大切さ」―プログラミング／ブリーフィングについて

プログラミング／ブリーフィングとは

建物やワークプレイスなどを計画しようとする場合に、発注者の目的や意図・ニーズ等を、設計者や施工者に伝えるために、明示化した文書を「プログラム」あるいは「ブリーフ」という。このプログラム／ブリーフを作成するプロセスを「プログラミング」あるいは「ブリーフィング」と呼ぶ。一般にプログラミングは米国で、ブリーフィングはＩＳＯで使われている。日本では「設計与条件設定」、「要求条件整理」等と訳されている。

建物やワークプレイスを発注するとき、この要求条件を明確にして発注するのは、至極当然のように思うが、日本では十分になされているとはいえない。この役目は、まさに発注者の役目であり、インハウスのファシリティマネージャーの役目である。

では、なぜ日本では要求条件を明確にしないで済んできたのであろうか。私はそこには日本独特の文化が存在しているのだと思う。例えば、あうんの呼吸のようなものが存在している。具体的にあるいは細かく記述して伝えなくても意図が伝わる文化である。むしろ、以心伝心で伝わることが良いとされてきている。それは島国で、同一民族で、農耕民族で等々あるが、性善説で、相手を信じて依頼するという文化である。

実際、発注者が一部設計したり、設計者が要求条件書を作成したり、さらには設計しながら、時には実施しながら要求条件を変えていくなど、日本では日常的に行われてきていることである。これは必ずしも悪いとはいえない。さまざまな提案や改善なども、この間に可能になる場合もあるからである。

しかし、グローバル化すると話は一変する。以心伝心で伝わる人ばかりではない。善人ばかりでもない。しっかりとした要求条件書を作成しておかないで、万一、裁判にでもなれば、根拠がないと大変なことになる。発注者として、要求条件をこのように示したと明快にいえるものが必要なのである。

要求条件書は、大きく三つの項目を記述する。一つは「目標」である。ゴールやコンセプトを示す。二つ目は「制約条件」である。経済的、物理的、あるいは時間的な制約条件である。三つ目は「要求条件」である。発注者の思いやニーズ・課題などを伝えることである。これらの三つの項目は、それぞれ重要であるが、「目標」や「要求条件」をうまく伝えることが特に大切である。

かつて、私が身障者の住宅を設計したとき、その要求条件をいかにまとめるか悩み、四苦八苦しながら、詩（ポエム、シナリオ）にまとめる方法を思いつき、実践したところ、大変うまくまとめられた。一九八〇年代後半の古い話であるが紹介しよう。当時、「技術と経済」という雑誌に一九九一年に掲載したものである。内容は少々古いが、時代を感じながら、その一部をお読みいただければ幸いである。

「生きることを楽しむ家」へ

家は住まい手に何ができるか、非常に難しい議論になるかもしれない。しかし私は、家は、住まい手に多くのことを、それも積極的にできると思っている。家族が生き生きとコミュニケーションできるような場づくりをすることもできるし、生きる喜びを与えることもできるし、嫁姑の問題も解決することだってできる。設計者が住まい手の気持ちになって、プロとしてのノウハウをもって提案していけば、可能なことである。そのためには、普通の設計より少々時間と費用とお互いの理解が必要ではあるが。

そんな理想の家が、できたかどうかあまり自信はないが、自転車振興会の補助金を受けて建設した小さなモデルルームの例をご紹介しよう。そのモデルルームに私たちがつけたタイトルは「生きることを楽しむ家」。

東京は板橋の、ある施設の敷地内に建設した十二坪ほどの小さな家は、軽度の脳性マヒ障害のある二〇歳の女性を設定している。この女性はできるだけ人の世話にならずに自立を目指し、積極的に生きようとしている明るい女性である。このような女性を設定しているが、基本的な考え方は、高齢者の場合でも同様である。

このモデルルームを設計したときの設計方法が少々変わっていた。設計スタッフは、二〇歳に近い女性二人と男性二人。まず、何度か施設を訪れ、脳性マヒの方の症状を見て、その人の気持ちになるよう努力した。しかし、これがなかなか難しい。さらに、その女性になったつもりで、どんな家に住みたいか、それぞれが詩を書いた。それを収斂させて、ひとつのコンセプトとして、モデルルームを設計したのである。ここに、その詩を紹介したい。

詩のタイトルは、「わたしは二十歳（はたち）」

わたしは二十歳（はたち）
なんだって自分でやりたいのです。
普通の人のように、普通の人以上に、生きていることが楽しいと思うし、
楽しく生きていたいのです。
母は、六十。

年齢より、随分若く見えます。
いつも明るくて、多少若目の服装も良く似合います。
でも、母は、自分の人生を、私にくれているようです。
それはとても嬉しいのですが、母にも母の時間をつくってあげたいのです。
私の世話だけで、終わって欲しくないのです。
わたしは二十歳。
もう大人です。
自立しなければなりません。
ほんの少し介助があれば、何でも自分でやれます。
やってみたいのです。
訓練センターでワープロも学びました。
まだ、あまり早くは打てませんが、自分のおこずかい程度は働けます。
料理だって自分で作れます。
頑張って、立ったまま料理を作ることだってできます。
特に家では、車椅子を使うことを少なくしています。
だから、階段だって、手すりさえあれば、何とか上がれます。
これも訓練しておかないと、できなくなってしまいます。
お風呂だって、トイレだって自分で立派にできます。
でも、身体の具合が悪い時には、母の世話にならざるを得ません。
お風呂も、時には母に手伝ってもらいます。

でも、母の力で、私を持ち上げることはできません。
いろいろ工夫して、自分でやれるようにしたいのですが・・・。
でも、私はお風呂が大好き。
ゆっくりと、毎日入りたい。
のびのびとして、身体が楽になって、生きてるって感じになるの。
わたしは二十歳。
もうお年頃です。
ボーイフレンドだっているのです。
昨日も、センターの友達が、三人も遊びに来ました。
優子ちゃんなんか、お化粧して、とてもきれい。
私も、がんばらなくっちゃ。
でも、最近少し、太ってきました。
気を付けなければなりません。
センターに通っていた時には、訓練があって外に出る機会が多かったのに、
最近は、家に居て、動くことが少ないからでしょう。
先生も言っていました。
「身体は、使わないとダメになる」って。
家の中で、自然に訓練ができればと思います。
明るく、サンサンと陽の当たるテラスで日光浴でき、
思いっきり手がのばせて、

普通の人以上に普通に、
そして自然な感じで生活ができる、
そんな生き方を支えてくれるような家が、私は欲しいのです。
・・・・

この詩を、施設の院長先生にも見てもらい、内容を確認した。そしてこの詩をもとに、私たちは障害をもつ人にも、介助する人にも、快適に生活できる住まいを提案した。

例えば、居室での生活のしかた、日の当たり方、においの処理、ベッドをテラスに干すこと、換気小窓の位置、手すりの位置、洗濯機が横型でないと使いにくいこと、トイレと洗面、浴室を一体で使うこと、一人で入浴するときと母に介助してもらうときの違い、母が腰を痛めないようにする方法、夜の雨戸の閉め方等々、図面にする前に、文字でその状況を確認していったのである。

その結果、建築的障害を取り除くという受け身の住まいでなく、自立して積極的に生きる人のための生涯住宅として、気持ち良く、快適に、生活を楽しめる住まいを提案した。単に各種の機器を使用するのでなく、建築的対応を主として、自然な形でその中に溶け込ませたのである。

高齢化社会の住まいとは、ファッション雑誌に取り上げられるような住宅を目指すだけでなく、大地に根をおろすような、頼りがいのあるしっかりとした住まいを、そして人間にとって思いやりのある住まいである。このモデルルームには、実際に障害をもつ方に体験入居してもらい、自分の家を建てるときの参考にしてもらった。

間抜けのデザイン論

「ゆとり」の話をしていると、よく日本人は、経済的ゆとりは手に入れてきたが、「空間的」「時間的」「人間的」ゆとりは、まだまだ不十分だと言われる。それは、そのまま現在の建築論、デザイン論にも通じる話であると思う。

多くの建築論は、形態論、芸術論、そして技術論などに夢中で、まさに人間が住むという本質論を忘れている。空間や形態が人々に与える感動や、機能を超えた美しさがあることも忘れてはならない。しかし、住宅などの一般建築は、芸術ではないのであるから、設計するとき、単に造形的に「空間」を考えるのでなく、「人間」「時間」についても同じくらい考えて設計してもらいたいものである。

デザインとは、「空間」と「時間」と「人間」の間のバランスをとることである。私はこれら三つには、すべて「間」がついているので、それらの一つでも抜ければ、「間抜けのデザイン」と呼ぶことにしている。これを時々ジョークで発言して、ひんしゅくをかったりもしているが、住まいを計画するとき、少なくともその人間の現在の状態を考えるだけでなく、一〇年後二〇年後の将来のことも考えて設計してもらいたいものである。現在だけのことを考えて設計することを「スタティック（静的）デザイン」と呼び、将来のことも考えて設計する手法を「ダイナミック（動的）デザイン」などと呼んで楽しんだりもしている。

しかし、高齢者だからといって、地味で味気のない建築を作られたのではたまらない。ファッションがそうであるように、高齢になるほど清潔で、少々派手なもののほうが良いのは、建築についても同様である。

また、建築とは設計者だけが作るのでなく、その国の文化なり環境が、そして当然ながら、住まい手が一体となって作るものであるから、設計者にそのような要求をどんどんしてほしいものである。そして高齢化社会の住まいとは、子供から高齢者まで誰でもが、楽しく生き生きと過ごせる住まいにしていかなければならないのではないだろうか。

おわりに ― 意思を伝える大切さ

いかがでしたでしょうか。二五年ほど前の古い話であるが、基本は今も変わらないと思う。この間にバリアフリー法などが施行され、交通関係、公共施設関係なども含め大変利用しやすく、外出もしやすくなった。私は、詩に書いたお母さんの年より、年上になってしまい、今、身をもって高齢社会のファシリティのあり方を考えている。

要求条件を正確に伝えるには、細かな寸法や仕様を決めるより、自分たちの真のニーズや思いを伝えることのほうが大切である。その思いは、このような詩で簡単に伝えられるのである。その後、私は前述した「一対比較インタビュー法」でニーズや課題を明確にし、その方針を詩やシナリオにして要求条件書としてまとめる方法を五〇件近く実施してきた。

すると完成したものは、大変満足度も高く、設計の手戻りも少なく、発注者、設計者ともに喜んでいただいている。ある物件では、作成したシナリオによる要求条件書を、施工現場にもバイブルとして置き、関係者に周知するよう指示されたこともある。要求条件書としての定型はない。しかし、発注者は要求条件をあいまいにするのでなく、シナリオのような形でも、いかに発注者としての思いを正確に伝えるか、その大切さを考えていただきたいものである。そのほんの少しの行為が、建築の将来を大きく変えるのである。

参考文献

1) ＦＭ推進連絡協議会編、総解説 ファシリティマネジメント、日本経済新聞社
2) ファシリティマネジメントキーワード集、ファシリティマネジメント資格制度協議会（事務局 公益社団法人日本ファシリティマネジメント協会）
3) 会誌「技術と経済」一九九一年八月号「特集 熟年社会の老テクノロジー（Ⅰ）生きることを楽しむ家」成田一郎、社団法人科学技術と経済の会
4) 月刊「近代家具」六二六号（二〇一二年一一月号）ＦＭを考える「ＰＯＥとニーズ調査」成田一郎、近代家具出版
5) 月刊「近代家具」六二七号（二〇一二年一二月号）ＦＭを考える「プログラミング／ブリーフィングについて」成田一郎、近代家具出版

「ものづくり」と「コトづくり」

山﨑雄介（やまざき ゆうすけ）
一九五一年生まれ。東京大学工学部建築学科卒業。清水建設（株）技術研究所上席マネージャー。スーパーゼネコンの合理化構工法、自動化施工システム、生産情報管理システム等の先進的な生産技術開発や、他産業との連携による産業競争力強化施策をリーダー的な立場で推進。また、日本建築学会等での産学協同研究の推進役でもある。

「ものづくり」とは、社会にとって有意義な価値を付加したものを企画・設計・製造・維持保全することと考えられるが、ものづくりというときに、モノとは不可分な、モノがもたらす価値に関わる意味が除外され、単に機能設計や部品製造というつくり方の議論が行われがちである。モノに内包され、モノを使うことで派生する価値は、最終的には使用者の使用価値から社会の便益の体系へとつながっていく。モノは、この価値を展開する機能あるいは手段と考えることができる。

わが国では、技術立国という言葉に象徴されるように、技術によるモノの機能を実現することが重視されてきた。しかしながら、最近、わが国のものづくり技術は一流であり、優れた品質・機能の製品を生み出しているにもかかわらず、市場が成長する時期になると、海外製品にその市場を席捲されてしまうという現象が繰り返されている。製品の機能コンセプトがしっかりしていれば、高度な技術に裏打ちされた高品質・高性能の製品は、市場で必ず受け入れられるという従来の観念が通用しない市場が形成されつつある。

このようなものづくりの閉塞感から、モノを使うことで顧客にどのような価値がもたらされるか、それをどのようにして社会の便益につなげていくかという、「コトづくり」に立脚した「ものづくり」の理論と手法を再考する動きが盛んになっている。

1　製造業におけるコトづくり

まず、建設業におけるコトづくりを論ずる前に、製造業が現在、取り組んでいるコトづくりの方向を概観してみよう。近年の製造業のサービス産業化は、一九九〇年代以降、新興国の工業化が進み、新興国を含む多くの国が工業製品を作れるようになったことにより、モノの付加価値が相対的に低下したことに対応した動きと捉えることができる。すなわち、新興国で工業化が進み、情報通信や物流のコストが低下したことにより、モノ余りの時代が到来し、工業製品の相対的な価値が低下してしまった。汎用製品だけでなく、先端技術を必要とする工業製品までもが、ごく短期間のうちに競争商品間の差別化特性（機能、品質、ブランド力など）が失われるという、コモデティ化による価格競争に巻き込まれており、継続的な研究開発投資に見合うだけの十分な利益を得られなくなる時代になっている。世界にモノがあふれる時代になると、顧客の求める価値は製品そのものにあるのではなく、その製品の使用によってもたらされる問題解決や顧客の生産性向上という価値が重視され、これを提供するサービスをビジネス化して取り組むことの重要性が増してきている。

品質管理システム規格であるISO9000では、「サービスは供給者および顧客との間のインターフェースで実行される、少なくとも一つの活動の結果であり、一般に無形である」と定義されている。製造業におけるサービスでは、モノやサービスを利用することによって生まれる使用価値が重要との認識が高まっており、モノとサービスは不可分であると捉えられるようになっている。

顧客が求めるモノを供給者側から積極的に提供する、創り出していく、という活動をコトづくりとするならば、モノとサービスを一体化した顧客価値として提供していく活動も、コトづくりの典型的な姿と捉えることができる。このような、モノの価値だけで競争するのではなく、モノで実現するサービスの価値で競争することを意図したサービス志向型のビジネスには成功例も多い。

2 建設業におけるコトづくり

建設業においても、ものづくりに関連するコトづくりの取り組みは、まったく行われなかったわけではない。経済環境が厳しい時期や生産システムの変革が目指された時期には、モノそのものの価値の低下に起因するコトづくりへの取り組みが行われている。ここでは、ゼネコンの建築生産分野における技術開発に関連して行われたコトづくりへの取り組みについて述べたい。

全社的な品質管理活動と生産性向上活動

一九八〇年代初めには、全社的に品質管理活動や生産性向上活動が取り組まれた。これらの活動は、本質的には顧客価値の向上をねらったものづくりと同時に、コトづくりの側面をもっている。

品質管理活動においては、不具合の防止や過剰品質の見直しを目的とする技術標準の見直しや顧客へのサービス力改善のための取り組みが行われた。当時、最も発生件数が多かった不具合は、外壁からの漏水である。コンクリート外壁からの漏水防止を目指した改善活動では、発生原因別の発生件数を調査したところ、ひび割れよりもコールドジョイントからの漏水が多いことがわかった。特性要因図をもとに、要因をコンクリートの打ち重ね時間、外気温および打ち重ね部分の締固め方法として、施工現場でコールドジョイントの発生状況を測定し、その解析評価をもとに、それらの要因に対応した施工管理基準が設定された。技術標準に設定されていた鉄筋の定着長さを見直す際には、現場配筋作業における工程能力を把握した上で改定の適否が検討されている。ここで工程能力とは、定められた規格限度内で、製品を生産できる能力である。

生産性向上活動では、製造業で成功した品質管理や生産管理の理論と手法を用いて、生産性の測定、省力化工法の適用条件の明確化、および工業化・複合化などの構工法開発などが行われた。生産性の測定では、作業データの収集をワークサンプリング法による場合と作業日報を用いる場合で、その信頼性を評価した上でデータ収集方法を決定し、標準化した方法で複数現場の作業データを収集し、工法別に型枠組立作業、鉄筋組立作業などに対する標準作業時間や標準作業工数が設定されている。この標準作業工数は、作業繰返しによる習熟効果を考慮した上で、工法の適用基準へと反映されている。

工業化構工法の開発では、工業化された部材・部品の形状、接合箇所数および位置決め箇所数によって、部材の製造工数や取付け時間が変化することが把握されており、さまざまな工業化部材の開発に応用されている。これは、後に開発される自動化施工システムにおける、部材の連続搬送システムのスケジューリングにも利用されている。

注目すべき点は、この品質管理活動と生産性向上活動が、目的を共有する複数のグループにより、ほぼ同時に実施されたことである。したがって、活動を通じて得られた知識は、技術標準や技術資料に反映されて活用されるとともに、用いられた品質管理や生産管理の理論・手法の適用方法、標準化活動の実施方法などは、担当グループの経験価値として蓄積されている。また、複数グループが同時に異なる課題解決に取り組んだことにより、グループ間で獲得された異なる経験と知見が共有されることになり、次の時代の技術融合と知識融合を必要とする自動化施工システムや生産情報管理システムなどの、製造業で成功した高度技術を導入した革新的な生産システムを開発するための基盤づくりにつながったと考えられる。

なぜならば、これらの活動は、建築生産システムの構成とそのふるまいに対する理解を促進すると同時に、技術者にシステムの制御を一定範囲で可能とする手法と暗黙知を与えたと考えられるからである。この形式知化できなかった暗黙知は、技術者に蓄積され、これが新たな技術開発を行う源泉となっている。一方、活動成果として生成された施工管理基準、設計手法、計画手法などは、工程能力を加味して安全側に設定された形式知として展開されている。

このように建築生産には、多種多様で膨大な知識が存在しているが、その多くは明示的には表現できない暗黙知であり、経験価値として蓄積されているものも多い。また、これらの知識は、実際には個人に属していることが多く、組織的に活用する仕組みにはまだまだ不備な点が多い。個人のもつ暗黙知と組織のもつ形式知をダイナミックに循環させ、お互いを高めあう共創関係をつくりだすコトづくりが、いつの時代にも求められている。

先進的な技術開発における技術融合と知識創造

技術融合は、複数の要素技術やサブシステムを組み合わせることにより、以前の要素技術やサブシステムが具備していない機能や性能を発揮させることが必要な場面で有効である。一九八〇年代後半から一九九〇年代初頭には、バブル経済を背景として、自動化施工システムや生産情報システムの分野で、かってない大掛かりな技術開発が行われている。しかし、技術開発投資が潤沢であれば、高度先端技術を導入し、よい生産技術や生産システムが開発できるかというとそうでもない。

どの分野の技術にもいえることであるが、技術というものは、それ単独で成長していくだけではなく、それぞれである程度の高度化が達成され、かつその高度化も互いにバランスのとれたレベルになると、互いに他の技術を取り入れる、あるいは組み合わせることができるようになり、互いに融合して成長していく。技術進歩のレベルがバラバラである限り、技術融合ということは起こりにくい。この技術レベルのバランスをとるということは、技術開発マネジメントにおいてきわめて重要である。なぜならば、技術融合が進んだ先には、これまで思いつかなかったような新たなイノベーションが期待できるからである。

一九九〇年代前半に行われた全天候型自動化施工システムの開発は、建築生産を工場生産化することにより、低生産性の問題解決を目指したものであり、体系的に工業化・自動化・情報化などの先進的な技術を導入することにより、建築生産システムを変革していく方向を示したものである。いくつかのゼネコンで、ほぼ同様のコンセプトをもった複数の自動化施工システムが開発され、実プロジェクトに適用された。しかしながら、技術のバランスという点では、自動化に重きが置かれすぎた感があり、その後、自動化技術を適用している部分を簡素化しながら、工業化技術、情報化技術とのバランスを取る方向で継続的な改善を重ね、機能的かつ組織化されたさまざまな施工システムが開発され、現在も活用されている。自動化施工システムの開発は、多くの関係者に技術融合を通じた経験価値をもたらし、それが新たな技術開発の推進に寄与したと考えている。

このように建築生産では、常に先端技術が基盤技術に融合し、時代のベストミックスとしての生産技術、生産構造を生みだす場を維持し続けねばならない。多くの技術者の間で協調的に行われる技術開発では、協調的な意思決定における柔軟性を保証しつつ、生産プロセスの多様性に対応し、情報システムを活用しながらも、人間を中心とした生産活動を行い、新たな経験価値を創出していくコトづくりの場が求められている。

現状の建築生産における形式知と暗黙知の循環による知識創造を考えてみると、各種の規格化、規準づくりは、時として知識の循環を阻害している。本来、建築生産のすべての局面で知識が創造され、個人・集団・組織・組織間などの異なるレベルにわたる知識の循環が重要であるにもかかわらず、技術標準のように実験や解析を通じて客観的に知識が構造化されると、この知識の循環が硬直化してしまうということがある。

以前につくられた形式知は、その必要とされた時代においては合理性を有している。しかし、社会環境が変化し、技術が進展するに伴い、新たな経験価値の獲得による暗黙知との共創が必要となる。現在、このような形式知と暗黙知の動的な循環を組織的に行う、コトづくりの仕組みと手法の再構築が求められている。そして、この知識創造を必要とする場は、ものづくりからコトづくりへと移行しつつある。

パートナーシップによる顧客価値の創造

ゼネコンは、建物や構造物を定められた期限までに完成させるという完成保証から始まり、確実な品質をつくり一定期間の瑕疵を担保する品質保証、設定された性能を実現し一定期間の性能を保証する性能保証、ＰＦＩなどのように事業に参画しそのリスクを負担する事業保証に至るまで、その保証内容は発注者や社会の要請に対応すべく高度化してきている。

もともとゼネコンには、リスク・テーカーとしての役割と総合サービス・プロバイダーとしての役割の二つがあり、前者のための技術開発は品質・性能保証技術、生産性向上技術などの企業のコアコンピテンシー向上を目的として行われ、後者のための技術開発は、市場・顧客ニーズと技術シーズを対応させ、市場ニーズを先取りした新たな施設提案や、新しい技術を活用したコンサルティングなどのサービス提供を目的として行われる。

一九九〇年代後半から、施設の大型化・複雑化が進み、先端的な大規模生産施設・医療施設などにおいては、さらに高性能化・高機能化が求められるようになった。これらの高性能・高機能施設は、国際市場における製品価格や販売時期をもとに、工場建設に関わる投資や工期を顧客が決定しており、これが施設建設における超短工期化や低コスト化の要因となっている。

このようなきわめて厳しい顧客要求に対応するには、企業内あるいは企業グループ内だけの技術や知識を結集するだけでは、問題解決が困難な場合が多い。企業が顧客とパートナーシップを組み、協力してそれぞれの技術や知識を融合させることによって、建設や技術開発を進めることが重要となっている。

すなわち、企業が競争優位性を保持するための技術開発の起点が顧客側に移行しつつあり、このような方法で建設や技術開発を実施することは、双方にとって不必要な投資を避けるだけでなく、新たな経験価値がもたらされることが多い。顧客要求をもとに、顧客と一緒にモノの品質・機能を設計するばかりでなく、その保証サービスのあり方までを考え、技術開発を含めた問題解決を提供するという意味において、コトづくりが行われているといえる。このような顧客志向の取り組みは、企業と顧客の双方にとって有益な信頼関係を築き上げことにもつながる。

増加しつつある大規模で複雑な施設やプロジェクトなどを、顧客価値創造の視点で実現していくためには、全体を複眼的に検討する能力と、顧客の視点で、モノとモノで実現するサービスを設計し検証する能力が求められる。また、サービスの提供に関わる多様なコンセプトを発想しながら、モノで実現するサービスの全体を設計し、プロデュースする能力をもつことが最重要課題とされている。

現在、これらの知見や手法を特定組織に集約し、顧客対応力を向上させるために、企業内に技術提案やビジネス提案を行う専門組織を設け、そこと既存の技術開発などの組織が連携して対応する事例も増えている。

3「ものづくり」と「コトづくり」の進化に向けて

市場の成長期においては、製造業や先進国で成功した技術やビジネスを模倣し、導入することで、企業は一定の成果を上げてきた。しかし、市場が成熟期に入ると、そのような手法で企業経営を行うことは必ずしも有効ではなくなっている。社会、市場、顧客、そして技術の変化が急速かつ複雑になると、これらの変化を俯瞰して、それらの変化がもたらす影響を予見することが重要となる。このような状況になると、一企業が大規模な製品開発や技術開発を行うことのリスクは増大する。この対応手段として、異業種連携や産学官連携などによるオープンイノベーションが進展しており、システムズ・アプローチがそのような場における問題解決手法として注目されている。

システムズ・アプローチによる問題解決

グローバル化による社会経済環境が複雑になる中、企業やプロジェクトにおいては、全体を俯瞰してものごとを捉えるシステム志向のマネジメントが求められている。企業活動や生産活動で起こる現象を広く俯瞰して問題を発見し、これを要素に分解して根本原因を特定した上で、その解決に最も適した手法を創造し、評価し検証するというアプローチを選択する体系的な思考力と解決力が必要とされる。問題解決において、いわゆる木も見て森も見るというアプローチである。

システムとは、「それぞれに役割をもった要素同士が有機的に結びつき、全体として要素単独ではなしえない有用な機能を有するもの」と定義される。したがって、一つの要素だけを完全につくり上げても、他の要素との調和やバランスを欠いていれば、その高度な機能は発揮されないことになる。例えば、スマートシティのような大規模社会インフラシステム開発においては、基幹システムといえるだけのものを一企業から提供できるわけではない。問題解決には、建設業、エネルギー産業、電機産業、自動車産業、情報産業および金融業などの関連産業による連携が不可欠となる。

このような大規模複雑システムの開発では、組織の枠組みを越えて、広く知識・技術・資源などの結集を図るオープンイノベーションによって進められることが多い。ここで生じがちな問題は、それぞれの産業のもつ建築、エネルギーシステム、情報家電・機器、自動車、情報ネットワーク等の既存のサブシステムを組み合わせても、必ずしも最適な全体システムが形成できないことである。

また、大企業の多くは、研究開発のすべてのプロセスを自社で行うわけではなく、企業の戦略に応じて外部化（アウトソーシング）しており、すべての必要技術を自社内に完備しているわけではない。

したがって、サブシステムを組み合わせて全体システムを構築していく際には、それぞれのサブシステムの構成とふるまいに対する設計思想や外部化に依存する性能保証体系が異なるため、サブシステム間におけるインターフェースの調整や各サブシステムに内包されている情報システムなどの共通化を図るなど、過剰あるいは重複している部分を取り除き、システム融合を図ることが必要とされる。

システムズ・アプローチは、要素に拘泥して全体を見失わないように、まずシステム全体のコンセプトを明確にした上で、要素を組み合わせた全体における価値を認識し、要素を各自に設計管理する考え方である。このシステムズ・アプローチでは、モデル化、予測シミュレーション、評価、最適化などについて、さまざまな方法論や手法が活用されており、コトづくりの方法論としても有効であると考えられている。

企業価値再考による価値観の形成

コトづくりにとってもう一つ重要なことは、顧客志向の産業や企業の風土づくりである。提供するモノの機能だけでなく、モノに付加された価値に着目して顧客価値を創造していくためには、企業の価値観の見直しが必要である。企業や産業を取り巻く環境の変化を受けて、企業が顧客・市場へ提供する価値を再考し、新たな価値観を創造する事例が多く見られる。

ＩＢＭでは、バリューズ・ジャムにおいて、自社の価値観について再考すべく、創業者の提唱する三大原則である、①完全性の追求、②最善の顧客サービス、③個人の尊重をもとに、イントラネット上で七二時間に及ぶディスカッションを行った。この検討結果をもとに、「お客様の成功に全力を尽くす」、「私たち、そして世界に価値あるイノベーション」、「あらゆる関係における信頼と一人ひとりの責任」という企業の新しい価値観を再創造し、全世界にいる社員が共有化することにより、顧客価値創造に向けた企業の活性化を図っている。

清水建設では、創業二〇〇年を機に、社員全員参加の「価値再考活動」を行い、〝何を変えずに守り、何を変えていくべきなのか〟について議論した結果、「誠心誠意の良い仕事」と「チャレンジ」が清水建設に受け継がれている企業価値であることが再確認されている。

このように、企業やプロジェクトの価値を全員参加で再考し、同じ目標・基本姿勢を再認識することは、産業・企業の顧客価値創造を目指した活動を活性化させていく上で重要である。また、このような活動を推進するためには、産業・企業・プロジェクトの各レベルで、産業・企業の活動状況についてベンチマークを行うことが必要となる。その評価指標および評価手法を確立し、産業・企業としての戦略目標を設定し、達成シナリオを明示することも重要であろう。

建築というモノの良し悪しだけでなく、それにより実現されるサービスの価値で競争する時代になっている。企業価値の再考活動にも見られるように、建築を使うことで顧客にどのような価値がもたらされるか、それをどのようにして社会の便益につなげていくかという「コトづくり」に立脚した「ものづくり」を考える重要性が増している。

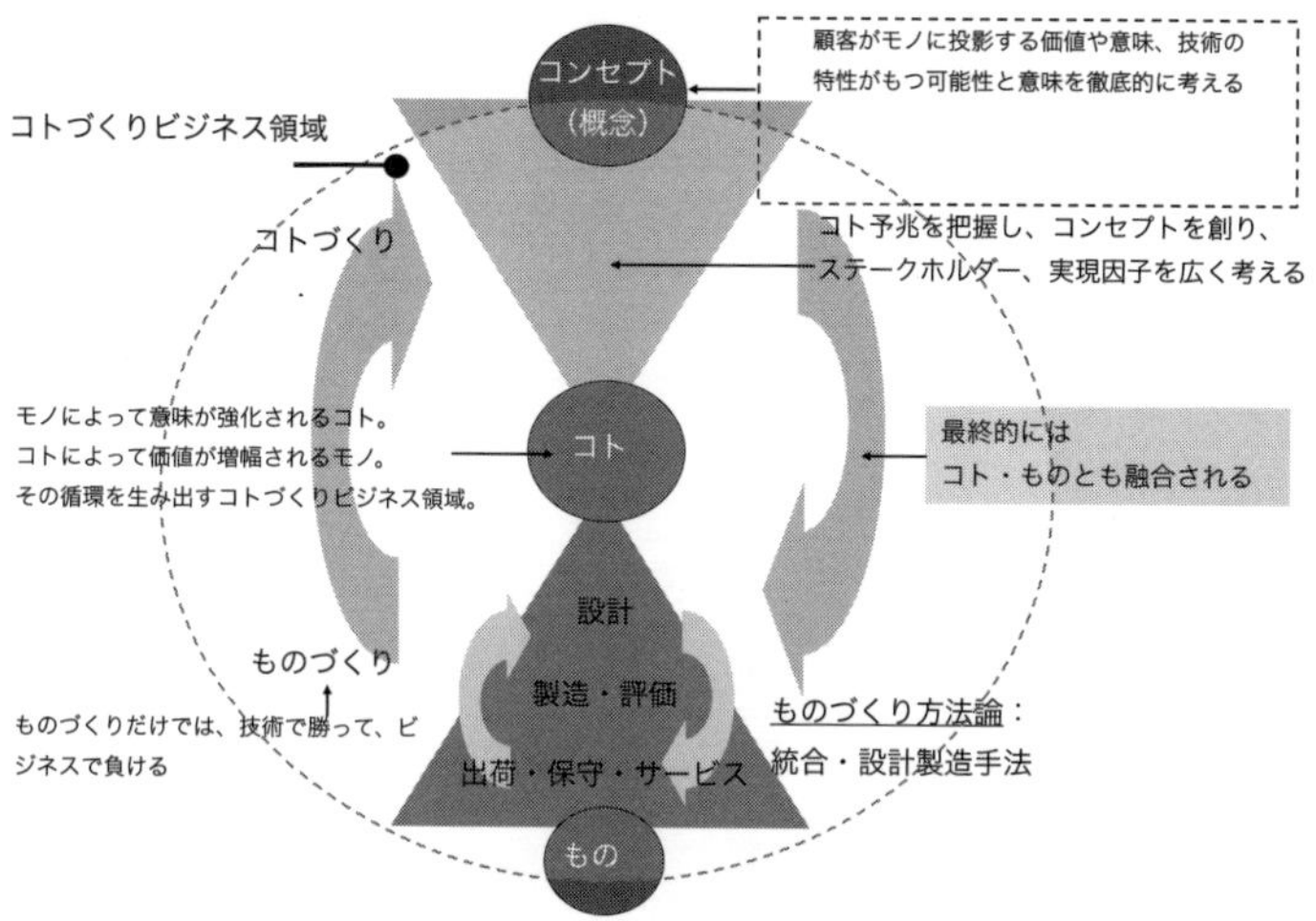
顧客がモノに投影する価値や意味、技術の特性がもつ可能性と意味を徹底的に考える
コンセプト（概念）
コトづくりビジネス領域
コトづくり
コト予兆を把握し、コンセプトを創り、ステークホルダー、実現因子を広く考える
モノによって意味が強化されるコト。コトによって価値が増幅されるモノ。その循環を生み出すコトづくりビジネス領域。
コト
最終的にはコト・ものとも融合される
設計
製造・評価
出荷・保守・サービス
ものづくり
ものづくりだけでは、技術で勝って、ビジネスで負ける
ものづくり方法論：統合・設計製造手法
もの

「ものづくり」と「コトづくり」の検討例
（出典:産業競争力懇談会、コトづくりからものづくりへ、2012年度プロジェクト最終報告）

建築については、建築物だけにとどまらず、それを支えるインフラシステムや社会システムのあり方を含めて、全体の最適化を図ることが求められている。建築プロジェクトにおいては、解決すべき課題やプロジェクトの成果となるシステム全体を俯瞰して捉えるシステム志向のデザインとマネジメントが求められている。

これからの建築に携わる人間には、社会経済環境の変化や新技術の出現などが、市場・顧客の変化とともに、どのように建築や建築生産のあり方に影響するかを常に考えるというシステム的な思考の習慣を身につけることが重要になる。システムズ・アプローチの考え方は、このような大規模化・複雑化・詳細化の進む建築や建築生産における「ものづくり」や「コトづくり」においても有効と考えられ、このような方法論・手法を獲得し活用していくことが望まれる。

都市開発プロデューサーを目指せ

山本和彦（やまもと　かずひこ）
一九四六年生まれ。京都大学工学部建築学科卒業。森ビル　取締役副社長執行役員。アークヒルズ、六本木ヒルズ等の森ビルのビッグプロジェクトに地権者の権利変換から関わり、「建物を所有して地権者とともに土地の価値を高める」を身を持って実践してきた。

1　空間をイメージする力を身につけろ

「建築」とは、人間が生きる、生活するための器、空間、環境といえよう。無限といえるような多様な分野がある。「つぶし」が効くので建築を選んだ人も多いであろう。ただ他の学科では学ぶことが少ない技能がある。「空間」を図面化する力であり、図面から空間をイメージする力である。もちろん三次元ＣＡＤが自由に扱えるようになった現在、その能力の必要性は薄れてきたようにも思える。しかし、立体映像から実際の空間、スケールを含めてイメージする力は是非身につけ、その能力を磨き続けてほしい。直接の建築づくりの分野から離れたとしても、他の学科出身の人より「比較優位性」を確保する一つの方法であると思う。

私は大学で建築学科を卒業した後、住宅公団、都市開発コンサルタント会社を経て、五年後に「森ビル」という不動産会社に入り、以来四〇年ほど不動産開発業務に携わってきた。建築には関わっていたが、直接接触する機会は非常に限られていた。しかし、この空間をイメージする力でどれだけ助けられたかわからない。常に図面、映像と現実の空間を比較し、空間をイメージする力を磨いてきたような気がする。そんな思いをもちながら、私の半生を振り返って、「都市開発プロデューサー」になることの魅力について語ることができればと願っている。

2　ビルづくりから街づくりへ
経済行為としてのビルづくり

私が森ビルに入社したのは、第一次オイルショックの翌年、一九七四年のことだった。成長率一〇パーセントくらいの高度成長時代から、五パーセントくらいの安定成長への転換期にあった。その前の高度成長期に、森ビルは独自の画期的オフィスビルを開発していた。成長に対応して企業は拡大し、新興企業も増え、ホワイトカラーが大量に生まれ、多量の新オフィスビルが求められていた。

森ビルは新橋・虎ノ門地区に「ナンバービル」と称される、きわめて効率の高いビルを供給してこの需要に応えていた。三一メートルの高さ制限の中で、通常なら七～八階建のビルに対し、一〇から一一層で、かつ有効率八〇パーセント以上のビルを開発して、リーズナブルな賃料で供給したのである。

建築の質について追及しなければ、と考えていた私にとって新鮮なことであった。平成二四年に亡くなった森稔会長（当時専務）からは、「わが社はもともと土地を持っているわけではない。土地は代替がないから、時には高い価格で買わざるを得ないのだ。だから建物は安く作って効率を上げないと、需要に応える賃料で供給できないのだ。」と説明を受けた。市場経済の中で活動している以上、建築も一つの経済物と認識させられたのであった。経営学の大家ドラッカーは「企業の目的は、社会問題の解決を顧客創造を通じて実現すること。」と言っている。新興企業、霞が関関連組織のニーズに応えるビルをイノベーションによって開発し、供給することにより、社会的役割を果たしていたといえよう。

敷地づくりから始めよ

新橋・虎ノ門地区は、一九二〇年代の震災復興で区画整理されており、広さは十分といえないが、街路は整備されていた。しかし、街区の大きさは、一〇〇〇平方メートルから三〇〇〇平方メートルくらいで、丸の内の一万平方メートルより小さく、かつ一〇〇平方メートルくらいの画地に細分化され、一つの街区に一〇人から数一〇人の権利者が存在していた。

イノベーティブは建築だけでなく、その敷地づくりから取り組んでいた。買収するだけでなく、積極的に共同化を進めたのがユニークだった。共同化というのは、今存在する資産を、存在しない将来の共同ビルの一部と交換することである。説得するためにはさまざまな能力が必要になる。まず共同化によって資産価値が上がることを、経済価値が増えることと理解させないといけない。できていない建物のイメージを伝える必要があるし、信頼できる人間力も欠かせない。さまざまな観点から説得力ある表現力が求められるのである。

何とか一街区全体をまとめ、整形の格調の高いビルづくりを追求するようになった。オイルショック後の安定成長の時代は、徐々に量から質への価値観の転換の時でもあった。高さ制限から容積制に変わったこともあって、天井高を上げると同時に、街並みにも配慮するようになる。単独の開発から面的な開発にシフトしていった。建物のイメージだけでなく、街並みのイメージづくり、表現力、説得力が求められるようにもなったのである。

都市再開発への挑戦

東京中心部で区画整理がされているところは、きわめて限られている。実行されたのは、関東大震災後の震災復興区画整理と、第二次大戦後の戦災復興区画整理だけである。それ以外は放射・環状の幹線道路を除くと、江戸時代の延長のままの街路網といって過言ではない。政府、東京都は「都市再開発法」を制定し、民間の力で再開発による都市整備を試みたが、実践する企業は少なかった。森ビルでは、新橋・虎ノ門の震災復興区画整理地区でのナンバービルづくりがひと段落すると、区画整理のされていない赤坂・六本木地区に事業地区を拡大することになる。

一方、いち早く一次・二次のオイルショックを工場のオートメーション化で克服した日本企業は、企画、海外への営業部門等を拡大し、東京本社は大型化していった。それに応えるべく、都市再開発に取り組むことになったのが、一九八六年に完成したアークヒルズである。完成まで一七年かかった

アークヒルズ

が、その間、経済環境は大きく変化した。七〇年代の国際化は、日本企業が海外に進出することだった。その結果、貿易黒字が増えすぎて円高に誘導され、八〇年代では海外企業を受け入れる国際化が始まった。海外企業にとっては、職住近接以外は考えられない。地元区が住宅設置を義務付けたこともあって、複合開発にチャレンジしたことも幸いだった。国際金融機関の受入れ先になり事業として大成功した。それによってビルづくり運営企業から、街づくり運営企業に大変身することができた。

高密度・高環境づくり

再開発は、権利者は保有する資産を出して、ディベロッパーはその事業費全体を負担して、できた床を分けあう仕組みでできている。多くの権利者が満足して、コンセンサスが得られ、かつディベロッパー側の採算が合うためには、できる限りパイを大きくする、容積率を高める必要がある。高密度化は欠かせないが、高密度が過密になると、資産価値を下げることにもなる。高密度を支える都市インフラとのバランスを壊し、環境悪化につながるとなれば、行政は都市計画として認めることはできなくなる。高密度でありながら、高環境といえる空間づくりが求められる。

複合開発における、異なった用途の建築形態上の特性を活用して、高密度でありながら良環境といえる用途の組合せ、空間構成が追求された。オフィスは平面的にも大きいし、高くもできるので、容積は積みやすい。住宅は高くできるが細いので、大きな容積は入れにくい。ホテルは宿泊部分は細くて高く、低層部の宴会部分は低くて広さが必要。商業、ホール、スタジオは、地下でもよいが広さが必要と、このような形態上の特性を上手に活用し、各機能を支えるインフラの上に設置しなくてはいけない。経済的観点も十分に考慮しながら、パズルを解くようなデザイン力が求められる。もちろん、建築家等の専門家の力を借りるのであるが、その方向性、判断力がないと、ディベロッパーにはなれない。それができないと、権利者のコンセンサスは得られないし、行政側が都市計画を見直すことにもならない。

アジア的近代都市像の追求

高密度、高環境を試行錯誤しながら追及していく中で、パリに代表されるヨーロッパ型都市像でなく、アジア型近代都市像を整理する考えがでてきた。われわれは長年、パリの都市像にコンプレックスを感じていた。都市計画学者も行政関係者も、東京をパリのような街に改造できないかと、苦闘していたように思う。都市に関心ある一般市民も、何故パリのようなヒューマンスケールで秩序だった都市ができないのか疑問に感じていたと思う。ただ、すでに建て混んだ東京の市街地を民主的手法でかつ民間経済で作り変えるとしたら、パリ的街並みづくりは不可能である。否、一九世紀後半に創られたヨーロッパの都市像と、二〇世紀末から二一世紀にできるアジアの近代都市像では、違うのが当然と考えるべきであろう。

ヨーロッパの都市は、大きい都市でもその人口規模は数百万人、多くの都市は数一〇万である。それに対し、アジアの都市は三五〇〇万人の東京を筆頭に一〇〇〇万人、二〇〇〇万人の都市が次々に誕生している。そのような巨大都市の都心像を描く必要がある。

故森会長は生涯に渡って、これを追求してきた。その結論が「ヴァーティカルガーデンシティ」のヴィジョンである。都心に多くの人が住み、働き、滞在するためには、最新技術で建てられた超高層ビルを活用するのがまず合理的であろう。超高層ビルが近接して林立すると、マンハッタンとか香港のように過密感がぬぐえない。超高層ビルを隣棟間隔を空けて並べ、その足元には緑一杯の木を植える。緑ばかりで都市の賑わいがなければ、魅力ある都市とはいえない。緑は低層部に人工地盤をつくり、その上に植え、その下に都市の魅力施設、利便施設を配置する。さらにその下に、都市のインフラを整備し、都市活動が円滑に機能するようにできれば、高密度でありながら、高機能・高環境の都市ができる。

ヴァーティカルガーデンシティ

一九世紀から二〇世紀にかけて、パリの都市像がヨーロッパ全体に広がったように、このヴァーティカルガーデンシティの都市像は、アジア全体に広まる普遍性があるように思える。ちなみに、二五年経ったアークヒルズの緑被率は、四〇パーセントに近づいている。まさに、ヴァーティカルガーデンシティの姿といってよいだろう。

3 文化都心「六本木ヒルズ」

テレビ朝日の意向から始まった

アークヒルズが着工目前になった八二年頃のことである。テレビ朝日から、六本木の本社・スタジオの敷地の再開発を検討していたが、自分だけではできないことがわかった。ついてはその再開発に協力してほしい。かつアークヒルズ内に、テレビ放送の中枢施設とスタジオを作ってほしいという話があった。森ビルはそれに応えることにし、アークヒルズの設計を大変更すると同時に、六本木の再開発の研究を始めた。

当時、六本木は「夜の街」という特殊な繁華街であった。大型商業施設が立地しても、必ずしも成功しているとはいえなかった。しかも六本木交差点は慢性渋滞が続き、地下鉄も日比谷線一本しかなく、森ビルが得意なオフィス中心の再開発の可能性は危ぶまれていた。現在の六本木ヒルズは一〇ヘクタール以上あるが、テレ朝の敷地はその三分の一くらいしかなく、道路の抜本的改良ができる本格的複合開発ができる大きさではなかった。しかし、六本木周辺には大使館が集中し、海外からの駐在員は近くの高級マンションに住み、外国人コミュニティができていた。このポテンシャルを生かせば、東京には存在しない国際色豊かな複合開発の可能性は高いと判断できた。

区域を広げ、多くの人を巻き込むことに

小規模な開発では、夜の街の六本木のイメージは変えられない。大規模にすれば、周辺のポテンシャルを生かして、国際的複合型ビジネスセンターができるかもしれないと考えたのだ。そのためには、テレ朝の敷地周囲の住民、地権者の方々に再開発に参加していただくことが必要になる。周囲といっても、六本木通り沿いのビル群、テレ朝通り沿いのマンション群、日ヶ窪という谷地の木造密集街、旧公団の分譲団地等、その特性、コミュニティは多様であった。

アークヒルズが完成した八六年頃から呼びかけを始めた。アークという再開発の実物ができたこと、不動産景気が上昇中だったこともあって、比較的順調に組織化が進んだように思う。もちろん、その

組織化に乗れない集団がいたことは事実で、後で大変苦労することになるのであるが。

バブルの崩壊にあう

日本の貿易黒字が大幅になり、八五年のプラザ合意で、当時一ドルが二五〇円くらいだったのが、急に倍近くに上げられることになった。日本は内需拡大を迫られ、金融緩和をし、それが株・不動産に回った。加えて九七年にニューヨークの株が急降下し、アジアに金融危機が起きた。世界経済を救うのは日本といわれ、より金融緩和を迫られ、さらに株・不動産が上がるようになった。完全にバブルだったのであろう。

九〇年になると、金融引締めが始まり、株は即修正が始まったが、不動産は余熱があり、先送りが続いた。九二年末には、再開発の都市計画の目途はついたが、都市計画が決定された九四年には、不動産バブルは完全に崩壊し、とても再開発を進められる状況ではなくなった。

文化都心というコンセプトの追求

安定成長時代も終わり、バブル崩壊によって、日本は完全に成熟時代に入ってしまった。いかに成熟時代を長持ちさせられるかが求められていた。そのためには、国内だけを見ていては可能性が小さくなる。グローバル化に積極的に対応すべきであり、グローバルに通用する、競争力のある街づくりが必要と考えた。

世界都市といわれるニューヨーク、ロンドン、パリを見ると、世界に通用する文化の中心地といえる地区がある。残念ながら東京にそれがあるとはいえない。東京で世界に通用する都市文化、ファッション、デザイン、アニメ、マンガ、ゲーム等の「クールジャパン」といえるものは、この六本木から西のほうで作られているものが多い。六本木は周辺の国際的環境と合わせて考えれば、東京の文化の中心、「文化都心」になりうると考えたのである。

そこから、文化都心といわれる複合開発とは何かという研究が始まった。コンセプトを明確にすることは、多様な用途を組み合わせる複合開発にとってきわめて重要なことである。特に個性豊かな関係者をまとめるには欠かせない。もちろん、立地環境、時代状況に合わないと最悪になるが、このプロジェクトが成功した一つの理由は、当初から適切なコンセプトを掲げられたことであると思う。

適正なインフラ、環境整備を施す

再開発は、火事とか地震に強い街につくり変えることが目的であるが、そのかわり緑が失われ、道路は混雑し、コミュニティは失われると批判を受けていた。緑については、むしろ緑を増やせることが証明されたが、残り二つを解決することがこのプロジェクトの課題であった。

コミュニティについては後述するが、インフラ整備に相当力を入れた。プロジェクト地区は、六本木通りと環状三号線という大幹線道路の交差部分に位置しているが、不完全な立体交差のまま、東京都の道路整備事業は終わっていた。完全な立体交差にすると、車には便利になり、隣の六本木交差点の交通混雑は緩和されるが、街は道路で分断され、歩行者の快適環境は失われる。車のための道路と、その上に地下鉄と直結し人が快適に歩ける広場づくりという立体的解決策を、行政との長い交渉の上で見出した。その他、敷地を東西に横断する「けやき坂」道路を作り、オフィス棟の周りにループ車路を設置し、駐車場を分散配置するなど、民間の開発らしく、建物とインフラを一体化する整備ができたと思う。

緑については、既存の池の環境整備も含めて、ヴァーティカルガーデンシティのモデルとしてキメの細かい整備をした。加えて、省エネルギー、エネルギーの安定供給にも新しい試みを行った。コージェネレーションによる自家発電は、東日本大震災による電力不足の中、高く評価されたのは記憶に新しいことであろう。

地権者のコンセンサスと行政の認可はニワトリと卵の関係

地権者は全体のパイが明確になって、自分の権利変換が保証されないと、本当のコンセンサスにならない。一方、行政のほうは地権者が本当に再開発に同意をし、事業が確実に進むことが見えないと、都市計画を定めないことになる。また、都市計画が決定されても、組合の設立、事業認可をするのは行政である。反対派がいる場合、彼らが納得するのが見えないと認可しにくいし、また反対派は、行政が組合認可の姿勢を見せないと納得する気持ちにならない。

このニワトリと卵の関係が続いて、再開発は時間がかかることになる。六本木ヒルズも例外でなかった。九四年、都市計画決定され、着工できたのは二〇〇〇年。通常より長いといえるが、その分、十分に検討する時間があったともいえる。

文化都心としての施設の組合せ

文化都心になるべく施設とは何か、その組合せは何かという検討は何度も繰り返された。

二一世紀はものづくりの製造業・三次産業の時代から、コトづくりの知識情報産業が主流になるといわれている。施設の中心となるオフィスには、国際金融を含めた知識情報産業の企業が集まってくると想定した。住宅は外国人であれ、日本人であれ、都心ならではのクオリティーライフを楽しむ人が住むであろう。そういう人々はこだわりの商品、サービスを求めるであろうと考えた。ショッピングセンターのように大型店をアンカーテナントとはせず、個性ある通り沿いにオンリーワン店舗を並べた。テレ朝のスタジオかつ本社は、大きな敷地を生かして機能性が高まるようフロアプレートの大きな建物にすることができた。ホテルは、文化都心のコンセプトに適応したインターナショナルホテルを入れた。

最大のカギは、文化都心のシンボルとなる文化施設は何かということである。一つの施設でなく、「アーツセンター」という現代美術館、ギャラリー、展望台、都心のコミュニティの場であるクラブ、キャリアアップの教育機関であり、かつカンファレンス会場でもあるアカデミーヒルズからなるパッケージの文化施設を考えた。それを六本木ヒルズのシンボルとなるオフィスタワーの最上部に配置した。

加えて、エンターテイメント施設としてシネプレックスと、各所にイベント広場を配置した。

個性ある建築家たちとのコラボレーション

文化都心として評価されるには、それにふさわしい施設の組合せ、配置だけでは不十分である。感性に応えられる美しい建物、街並み、環境づくりが求められる。しかし、美しい街とは何かが難しい。統一的街並みが美しいのか、美しく個性ある建物が並んでいるのが美しいのか、意見は分かれる。熟慮の結果、各施設については、世界から最適な建築家をそれぞれ選定し、その取り合いについては彼らのコラボレーションによって調整し、全体としてのバランス感を出すことを考えた。

しかし、建築家はそれぞれきわめて個性の強い人である。感性は好き嫌いの話で、良し悪しで決められない問題である。最初、彼らにこの話をしたとき、鉛筆は一人でしか持てない、各人から案は出してもよいが、最後に線を引く人は誰かを決めてほしいといわれた。文化都心になるためには、コラボレーションではなくてはいけないと、ワークショップを続けた。続けているうちに、彼らもコラボレーションの魅力に気づいたようである。その結果、個々の建物も、個性があってかつ全体的にもアイデンティティを感じる街並みができたように思える。加えて、サイン、照明、パブリックアート、ストリートファニチャー等、多種多様なアーティスト、デザイナーが関わり、彩りを添えた。今までにない街ができたように思う。

ファイナンスの重要性

バブル崩壊によって、日本の金融環境は全面的に変わってしまった。八〇年代の後半には、バブルもあって世界一、二の資産規模を誇っていたが、バブル崩壊後、不良債権処理を先延ばししたこともあって、大きく傷んでしまった。単独では生き残れず、合併によって生き延びた状態であった。不良債権も自分たちだけで処理できず、外資のファンドを頼りにした。この処理のためもあって、不動産の証券化の仕組みもできた。不動産開発のファイナンスも、それまでの会社の与信に基づく、コーポレートファイナンスだけでなく、プロジェクトの与信に基づくプロジェクトファイナンスの仕組みも検討されるようになった。

六本木ヒルズの三〇〇〇億円近い事業費を確保することも、きわめて重要な仕事であった。三分の一くらいは森ビルがエクイティを出すことになったが、残り三分の二は銀行がある程度責任をもつプロジェクトファイナンスに取り組んだ。そのためには、銀行団に対しても、このプロジェクトの意義、採算性を説得する必要がある。事業の採算性は当然であるが、都市模型、プロジェクト模型、CGとさまざまなプレゼン手段を使って、その意義も説明したのであった。

ブランディング、タウンマネジメントの追求

六本木ヒルズの完成した二〇〇三年は、オフィス業界にとって「二〇〇三年問題」といわれ、供給過剰が心配されていた。バブル崩壊で止まっていたプロジェクトが、このころいっせいに完成するこ

とになっていた。特に汐留に大量供給されるので、多くの人に、インフラの整った汐留は強いが、それが弱い六本木ヒルズはだめであろうといわれていた。

成功するためには、文化都心という今まで存在しないプロジェクトを世に知らせる、プロモーションも欠かせない仕事であった。それまでの不動産プロジェクトではあまりなかった、プロモーション、ブランディングにも相当力を入れた。秀でたタレントを活用したこともあって、認知度は上がるようになった。加えて、街全体をメディア媒体に活用し、さまざまなイベント活動をし、集客に努めた。六本木ヒルズは、海外も含めてその名は定着したようで、一〇年経った今日でも訪問客でにぎわっている。事務所もホテルも、高い稼働率を誇っている。

新しいコミュニティづくり

六本木地区は、江戸時代から続く下町ではないし、また、環境の異なった地区を集めて再開発地区にしたこともあって、もともと確固たるコミュニティはなかった。再開発の呼びかけをしながら、コミュニティを作っていったように思う。

再開発に参加するとなると、自分の家族、財産等を皆にさらすことになる。それが抵抗感になって再開発が進まない一つの原因にもなる。逆に言うと、再開発に参加することを決めた人たちには、きわめて強いコミュニティ意識が生まれる。そこに至るまで、さまざまな会合、個別の話し合いを重ねたからであるが。一方で、反対していた人々がその輪の中に入りにくくなることも、コミュニティづ

六本木ヒルズ

くりの難しいところである。

再開発ができた時に、この強固なコミュニティを、新しくこの街に住む人々、お店をする人、働きに来る人々とのコミュニティづくりの核になってもらった。新・旧の人々が集まった新たな自治会を作り、区に認めてもらった。そこが中心になって、コミュニティイベントを定期的にやっている。毎週土曜日の朝の野菜市、春の桜祭り、夏の太極拳、盆踊り、イベントは続き、それが都心の新しいコミュニティづくりにつながるようになった。

4 都市開発プロデューサーへの道

不動産開発は地場産業である

不動産は、字が表現しているように動かない財産である。動かないが故に、同じものは作れず、厳密には同じものは一つもない。小さくするのはやさしいが、違う所有者の土地を統合するのは難しい。また動かないが故に、立地に大きく左右される。立地が一番重要だといわれる所以である。すなわち、不動産開発は、地域の人間関係も含めて詳しく理解していないとできない仕事である。もちろん、人間の活動には共通性があり、その面では他地区に展開できるが、まず地場産業だと認識しないと、良いプロジェクトはできないと考える。

その不動産が金融商品になり、グローバル化している

動かない不動産が収益物件になったり、その可能性がでてくると証券化ができ、金融商品に変身する。金融商品になると、情報伝達手段によって、一瞬のうちに世界を飛び回る。製造物以上にグローバル商品になっているともいえる。きわめてローカルなものでありながら、同時にきわめてグローバルなものだと理解しないと、現在の不動産は扱えないことになる。

金融商品になりうるから、グローバルから資金を集めることが可能になって、ファイナンスできるプロジェクトもあろう。また、金融商品になると、モノの質の存在が消え、数字だけの商品になりがちである。それがバブルの生成・崩壊という副作用を生むことになる。不動産の質に対する理解の高い、建築のわかる人材の必要性もここにあるように思う。

国内の不動産開発にもグローバルな視点が必要

残念ながら、日本は成熟化が進み、人口減少時代が続き、企業も次々に海外に出て行って空洞化が

進む状況である。国内の経済力だけでは、非常に限られた所しか不動産開発は進まない。東京のような大都市は、アジアの中心都市をめぐって、香港、シンガポール、上海、北京と競争関係にある。東京都は、東京に企業のアジアヘッドクォーターを集めるという政策を出したが、現実にグローバル企業のヘッドクォーターは香港、シンガポールに集まっている。東京に外資系企業が比較的大きなオフィスを構えているのは、日本にはある程度のマーケットがあり、日本語の壁があるからである。アジアの成長を取り込むためには、アジア側の視点から見ることが必要になる。

地方都市も人口減少に伴い、拡大した市街地をコンパクトにせざるを得ないが、その時はできる限りローカリティーを出すという、今までとは逆の発想が必要であろう。ローカルに徹すれば徹するほど、グローバルと繋がるように思うからである。

成長するアジアの大都市に活躍する場がある

成長が続くと思われるアジアでは、これから本格的な都市化が進む。農村から都市へ大量の住民移動が続いている。次々とニュータウンづくりが必要な状況である。間違いなく日本の経験が求められている。日本のニュータウンの成立、経緯、現在の結果を十分に分析した上で、プロジェクト地域の勉強をすれば、役に立つことは多いであろう。特に現代日本の環境技術・スマートシティ技術は期待されている。

すでに都市化が進んだソウル、台北、北京、上海等でも、再開発の必要性は高まる。アークヒルズ、六本木ヒルズが必要な時代がこれから始まる。そこでは、日本の成熟した複合開発技術が求められるであろう。

どちらにしても、都市開発ほど複雑な要素が絡み合った事業は少ない。複雑には違いないが、最後はある形にまとめることになる。空間、スケールの把握できる人間にその役目があると思う。

□建築のあり方研究会

青木義次（あおきよしつぐ）

一九四六年生まれ。東京工業大学理工学研究科修士課程修了。建設省建築研究所主任研究員、米国カーネギー・メロン大学客員教授、東京工業大学教授を経て、東京工業大学名誉教授・建築研究振興協会副会長。近年、建築に関わる制度設計論に関心をもつ。

古阪秀三（ふるさかしゅうぞう）

一九五一年生まれ。京都大学工学部建築学科卒業。清水建設での実務経験を経て、京都大学工学研究科准教授。この間、日本ＣＭ協会会長、建専連外部理事、建設産業戦略会議委員など。建築生産社会の刷新・国際化、技能労働者の処遇改善などに一貫して強い関心をもち、教育・研究・実践活動を展開している。

建築を創る　今、伝えておきたいこと

2013年5月20日　第1版第1刷発行

著　者　建築のあり方研究会 ©
発行者　関谷　勉
発行所　株式会社 井上書院
東京都文京区湯島7-17-15 斎藤ビル
電話（03）5689-5481　FAX（03）5689-5483
http://www.inoueshoin.co.jp/
装　幀　高橋揚一
印刷・製本　美研プリンティング株式会社

ISBN　978-4-7530-2566-4　C3052　　Printed in Japan